다윈 아저씨네
수상한 박물관

교과연계	
4-1 국어 ❹	9. 생각을 나누어요
4-1 과학	3. 화산과 지진
5-1 국어 ㉮	1. 인물의 말과 행동
6-1 과학	2. 생물과 환경

다윈 아저씨네 수상한 박물관

최은영 글 | 윤지회 그림 | 장수철 감수

주니어김영사

작가의 말

과학의 소중함을
빨리 깨닫기를 바라며!

저는 어렸을 때 우리말 공부를 하는 국어 과목을 좋아했고 책도 이야기책만 골라서 읽곤 했어요. 그러다가 엄마가 수학이나 과학을 공부하라고 하면 싫다고 후다닥 도망을 쳐 버렸지요. 그때는 정말 수학과 과학을 싫어했어요. 머리만 지끈지끈 아프게 할 뿐 내가 숨 쉬고 살아가는 데 있어서 손톱만큼도 쓸 데가 없는 과목이라고 생각했지요. 그런데 점점 자라면서 제 생각은 달라졌어요. 수학이나 과학을 왜 공부해야 하는지 알게 된 거지요.

과학은 사물의 구조나 성질, 법칙 등을 관찰 가능한 방법으로 알아낸 지식의 체계를 말해요. 그러니까 우리 주위의 모든 것들이 왜 그렇게 움직이고 변화하는지를 체계적으로 정리해 놓은 것이 바로 과학이지요. 과학은 우리의 생활을 보다 편리하게 가꾸어 가는 데 꼭 필요해요. 수학은 과학의 여러 분야를 보다 쉽게 풀어내는 데 필요한 학문이므로 과학만큼이나 중요한 거지요. 제가 학창 시절에 이러한 사실을 깨달았다면 얼마나 좋았을까요?

그런 아쉬움을 지니고 있을 때에 출판사로부터 과학을 쉽게 이해시킬 수 있는 동화를 써 달라는 제안을 받았어요. 나는 '과학'이라는 말에 더럭 겁을 먹고, 슬쩍 뒷걸음을 쳤지요. 그러다가 문득 이런 생각이 들었어요.

'만약 어린이 독자들이 내가 쓴 과학 동화를 읽고, 과학에 관심을 갖게 된다면 어떨까? 그러면 어린이 독자들은 과학에 조금이나마 일찍 눈을 뜨고, 과학에 애정을 더 갖게 될지 몰라.'

이후로 저는 '진화론'과 관련된 책을 두루 찾아 몇 날 며칠을 읽었어요. 그러면서 다윈이 진화론을 이루어 내기까지 얼마나 오랫동안 지구촌 곳곳의 생물과 지질에 대해 연구하고 관찰했는지를 알게 되었고, 다윈의 연구 덕분에 지구의 발생 과정과 현재 모습 그리고 미래의 모습까지도 예측할 수 있음을 깨달았어요. 정말 위대한 작업을 해낸 것이었지요.

저는 다윈을 알아 가며 과학보고서를 써야 하는, 저마다 다른 성격을 갖고 있는 네 명의 친구들을 만나게 되었어요. 그리고 그 친구들이 진화론을 만나 과학의 소중함을 몸으로 깨닫게 되길 간절히 바라며 이야기를 써 나갔지요.

네 명의 친구들과 함께 진화론을 공부하면서, 여러분들도 과학의 필요성과 귀중함을 알았으면 좋겠어요.

다윈에 대한 존경심을 담아
2015년 10월 **최은영**

차례

최악의 모둠
• 생존에 적합한 생물이 선택되면서 발전한다 •   8

모둠은 불변이다
• 우리는 모두 같은 조상에서 나온 사람들이다 •   26

비글호에 오르다
• 환경과 살아가는 방식의 변화에 따라 예전에 사용했던 흔적만 남은 기관이 있다 •   42

핀치를 잡아라
• 환경과 조건에 맞는 생김새가 선택된다 •   58

[ **보라의 대활약**
• 하는 일과 기능은 다르나 해부학적으로
같은 구조를 지니는 기관이 있다 • 80]

[ **다윈 아저씨를 구하라**
• 화석은 진화의 증거다 • 100]

[ **최고의 모둠**
• 진화란 개체군의 변화를 뜻한다 • 120]

진화론을 연구한 다윈은 어떤 사람일까? 136
독후활동지 148

최악의 모둠

• 생존에 적합한 생물이 선택되면서 발전한다 •

"5모둠 일어나세요."

선생님이 말했다. 나는 숫자 5가 적혀 있는 종이를 반으로 접으며 자리에서 일어났다. 맨 앞줄에서 보라가 일어났다. 나는 얼른 주위를 둘러보았다. 뒷문 쪽에 앉은 경환이랑, 보라랑 같은 분단에 앉은 상언이가 얼굴을 잔뜩 우그린 채 일어나 있었다.

"준서, 보라, 상언이, 경환이는 5모둠입니다."

선생님은 수첩에 모둠원의 이름을 적은 뒤 고개를 들었다. 동시에 나는 자리에 앉아 고개를 숙였다. 나도 모르게 얼굴이 일그러졌다.

'역시 뽑기는 나랑 안 맞아!'

선생님은 과학 탐구 보고서를 만들 모둠을 정해야 한다며 제비뽑기를 시켰다. 친한 애들끼리 같은 모둠이 되어서는 안 된다는 이유였다.

"마음이 잘 통하지 않는 친구하고도 모여서 함께 이야기 나누고, 힘을 합쳐서 과제를 해야 해요."

선생님의 뜻은 확고해 보였다. 그래도 이왕이면 친한 친구랑 같은 모둠이 되거나, 그게 아니라면 적어도 친절하고 똑똑한 아이랑 같은 번호를 뽑기를 기대했다. 그런데 말짱 틀려 버렸다.

"오늘 정한 모둠은 바꿀 수 없어요. 그러니까 모둠원끼리 모여서 어떤 주제로 보고서를 만들지 정하고, 금요일까지 저에게 알려 주세요."

일곱 개의 모둠이 정리되자 선생님은 알림 사항을 전하고 수업을 끝냈다.

아이들은 가방을 싸기 시작했다. 여기저기에서 빽빽 소리를 지르며 자신의 모둠원을 찾아 댔다. 나는 주섬주섬 책상을 정리하다가 칠판 앞에 걸린 달력을 보았다. 금요일이면 이틀 뒤였다. 그때까지 주제를 잡으려면 좋든 싫든 모둠원을 만나야 했다. 나는 가방을 싸면서 앞쪽에 앉은 보라를 보았다. 보라도 어리숙한 표정으로 나를 보았다.

"가방 다 싸면 이리로 와."

나는 손짓을 해 가며 보라를 자리로 불렀다. 그리고 다시 고개를 돌려 상언이와 경환이가 있는 쪽을 보았다. 느림보 경환이는 아직도 가방을 싸고 있었다. 그런데 상언이가 보이지 않았다.

어느새 보라가 내 옆에 바짝 와 있었다. 나는 가방을 메고 보라와 함께 경환이에게 다가갔다.

"상언이는 어디 갔는지 알아?"

두리번거리며 경환이에게 물었다. 경환이는 어깨만 으쓱 들었다 내리고 여전히 느린 동작으로 가방을 쌌다. 나는 가방을 경환이 옆에 내려놓았다.

"나가서 상언이 찾아올게."

나는 보라와 경환이를 교실에 남겨 두고 복도로 나왔다. 다시 교실에 왔을 때에도 여전히 경환이는 가방을 싸고 있을 것 같았다. 무엇을 하든 경환이는 항상 늦었다. 거북이가 와서 "형님!" 하고 부를 정도였다. 반면에 상언이는 말과 행동이 다 빨랐다.

'하필 상언이랑 경환이가 있는 모둠이라니!'

생각할수록 한숨이 나왔다. 하지만 어쩔 수 없었다. 나는 잰걸음으로 계단을 내려갔다. 하지만 현관에서도 상언이를 찾을 수 없었다.

반 아이들이 무리지어 현관으로 걸어왔다. 나는 아이들에게 물었다.

"혹시 황상언 못 봤어?"

"아까 선생님 말씀 끝나자마자 가방 들고 나가던데?"

상언이 뒷자리에 앉는 보성이가 말했다. 그러면서 키득거리며 나를 보았다.

"너네 모둠 재밌겠더라!"

옆에 있는 아이들도 자기들끼리 눈을 맞추며 킥킥거렸다. 다른 아이들이 보기에도 우리 모둠은 문제가 있는 거였다.

"상언이 전화번호 아는 사람?"

나는 얼른 말을 돌렸다. 다행히 작년에 상언이랑 같은 반이었던 아이가 무리 중에 있었다. 나는 전화번호를 받아서 곧장 상언이에게 전화를 걸었다. 상언이의 성격과 어울리지 않는 차분한 클래식 음악이 흘렀다. 또래 친구 중에 이런 연결음을 해 놓은 아이는 없었다.

곡명을 모르는 음악을 끈기 있게 듣고 있는데, 갑자기 음악이 뚝 끊겼다.

"전화를 받을 수 없사오니 삐 소리가 난 뒤……"

상언이는 전화를 받지 않았다. 삐죽삐죽 성질이 돋았지만 하는 수 없었다. 다시 교실로 돌아가는 수밖에 없었다.

교실 뒤쪽에서는 소연이가 속한 2모둠의 아이들이 빙 둘러 앉아 종알종알 이야기를 나누고 있었다. 과학 탐구 보고서의 주제를 무엇으로 할지 상의하는 눈치였다. 창가 쪽이랑 교탁 앞에도 두 모둠이 남아서 열띠게 이야기를 주고받았다.

경환이랑 보라는 뒷문 바로 옆자리를 차지한 채 멀뚱멀뚱 아이들을 구경만 하고 있었다.

"상언이는 왜 안 와?"

경환이가 눈을 반짝이며 물었다.

"그럼 우리는 지금 얘기 못 해?"

경환이의 목소리는 이내 밝아졌다. 내가 상언이를 찾아서 데려오지 않기를 바랐던 것 같았다.

"오늘 아니면 내일밖에 시간이 없는데……."

모여 있는 다른 모둠을 보니 점점 더 불안해졌다.

"그래도 모두 모였을 때 이야기해야 되는 거지?"

경환이가 자리에서 일어나 가방을 둘러멨다. 경환이도 재빨리 움직일 수 있다는 것을 처음 알았다. 보라는 두 눈만 슴벅이며 나와 경환이를 번갈아 보았다.

"기다려. 일단 우리끼리라도 이야기하자."

"모둠원이 다 모여서 해야 하는 거잖아. 상언이가 빠졌는데 무슨 소용이야?"

말을 마치자마자 경환이는 뒷문으로 나가 버렸다. 나는 경환이를 붙잡으려다 말았다. 경환이의 말이 틀린 것도 아니었다. 나는 한숨을 훅 내쉬며 가방을 들었다.

"내일?"

보라가 바짝 다가와서 물었다.

보라는 초등학교에 들어오기 전까지 말레이시아에 살았다. 한국 사람인 보라 아빠가 말레이시아 사람인 보라 엄마를 만나 결혼했기 때문이다. 보라는 우리말이 서툴렀다. 내가 한숨을 길게 내쉬자, 보라는 입술을 오물거리며 고개를 숙였다.

"그래. 우리 둘이서 뭘 하겠냐? 내일 보자."

나도 가방을 둘러메고 교실을 빠져나왔다.

'하필 우리말도 제대로 못하는 보라에, 자기밖에 모르는 상언이랑 느림보 거북이 경환이가 같은 모둠이라니!'

최악 중에서도 최악이었다. 나는 고개를 푹 숙인 채 터벅터벅 걸음을 옮겼다. 생각할수록 앞이 캄캄했다. 과연 과학 탐구 보고서를 제대로 만들 수 있을지, 아니 우리가 모일 수나 있을지 걱정스러웠다.

'선생님한테 다른 애들이랑 섞어 달라고 할까?'

정해진 모둠은 바꿀 수 없다던 선생님의 목소리가 또렷이 울려왔다. 선생님에게 이야기해 봐야 좋은 소리를 들을 수 없을 것 같았다.

'에라, 모르겠다! 어떻게든 되겠지.'

나는 걸음을 옮기다 말고, 자그마한 돌멩이 하나를 발로 툭 걷

어찼다. 그렇게라도 마음을 달래고 싶었다.

그때였다. 돌멩이가 날아간 쪽에서 누군가가 "억!" 소리를 질렀다. 그리고 무엇인가가 화르르 쏟아져 내렸다. 나는 화들짝 놀라 소리가 들리는 쪽으로 달려갔다.

어떤 아저씨가 정강이 한쪽을 잡고 깨금발을 하고 있었다. 나는 서둘러 아저씨 곁으로 다가갔다.

"죄송해요. 많이 아프세요?"

"저기, 이름표 좀 주워!"

아저씨가 외쳤다.

아저씨 주위에 떨어져 있는 것은 하얀색 아크릴판에 이름이 적힌 이름표였다. 나는 허리를 숙이고 이름표를 주웠다.

"아이고, 정강이야!"

아저씨는 아예 골목 한쪽에 엉덩이를 붙이고 앉아 버렸다. 나는 여기저기 흩어져 있는 이름표를 모두 주워서 아저씨에게 다가갔다.

"죄송해요."

주워 모은 이름표를 아저씨에게 내밀며 다시 사과했다. 아저씨는 이름표를 받아서 하나하나 살피기 시작했다.

"아, 이거 금갔네! 이것도! 저것도!"

몇 개의 이름표에 흠집이 생긴 모양이었다. 나는 고개를 숙이고 뒷머리를 긁었다.

"미안하지?"

아저씨가 물었다. 대답을 강요하는 듯한 말투였다. 나는 갑자기 대꾸하기가 싫어졌다.

'그렇게 크지도 않은 돌멩이였는데, 바닥에 주저앉을 만큼 아팠을라고……'

불쑥 심통도 차올랐다.

"미안하다면 이제부터 내 조수를 해라."

아저씨가 다시 말했다.

"뭐라고요?"

처음 보는 사이에 다짜고짜 조수를 하라는 건 말도 안 되는 억지였다. 나는 이맛살을 구긴 채 아저씨를 보았다.

"너 때문에 내가 힘들게 만들어 온 이름표도 깨졌고……"

아저씨가 이름표를 내밀어 보였다.

"에게! 고작 세 개에 살짝 금만 갔는데요?"

나는 억울했다.

"흠, 흠! 어쨌든 말짱했던 건데 너 때문에 금이 갔잖아! 여기, 여기 보이지?"

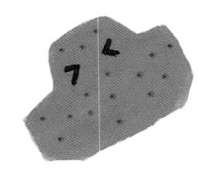

아저씨는 자꾸 말도 안 되는 억지를 부렸다. 나는 부루퉁한 얼굴로 아저씨를 노려보았다.

"어? 네가 조수를 안 하겠다면 내가 피해 보상 청구를 할 거야."

기가 턱 막힐 노릇이었다. 한편으로는 슬그머니 겁이 났다. 피해 보상이라는 말 때문이었다.

"무, 무슨 조수를 하라는 거예요?"

"저기 중간산 중턱에 있는 집 알지?"

중간산 중턱에 있는 집이라면 벌써 반 년째 주인 없이 비어 있는 곳이었다. 나는 아저씨를 빤히 쳐다보며 고개를 끄덕였다. 아저씨가 말을 이었다.

"내가 그 집을 사서 박물관을 차렸거든."

아저씨가 쥐고 있던 종이 한 장을 나에게 내밀었다.

종이에는 '더도 덜도 아닌 딱 중간! 중간산 중턱의 새로운 명소, 수상한 박물관 탄생!'이라는 문구가 큼지막하게 적혀 있었다.

"수상한 박물관이 뭐예요?"

"내가 차린 박물관 이름이지!"

아저씨가 싱긋 웃었다.

"아저씨가 누군데요?"

내가 부루퉁하게 묻자 아저씨가 활짝 웃으며 자랑스레 말했다.

"나로 말할 것 같으면, 수상한 박물관의 관장, 다윈이란다!"

"다윈이오? 아저씨, 우리나라 사람 맞아요?"

다윈 아저씨는 알 수 없는 미소를 짓고는 다시 말했다.

"이제 너는 수상한 박물관 관장의 조수니까 매일 오후, 학교가 끝나는 시간에 수상한 박물관으로 곧장 오거라!"

"뭐라고요?"

정말 말도 안 되는 소리였다. 나는 쇳소리를 내며 다윈 아저씨를 보았다.

"못 알아듣겠니? 학교가 끝나면 수상한 박물관으로 오라고!"

다윈 아저씨는 내 눈을 똑똑히 쳐다보며 또박또박 이야기했다.

"저, 바빠서 그럴 시간이 없어요."

"뭐가 그렇게 바쁜데?"

"음……."

당장 떠오르는 것은 과학 탐구 보고서밖에 없었다.

"친구들이랑 과학 탐구 보고서를 써야 해요."

"그렇다면 더 잘되었구나. 친구들이랑 함께 오렴."

뭐가 잘된 일이라는 것인지 이해할 수 없었다. 나는 아저씨에게 내가 얼마나 최악의 모둠에 속해 있는지를 종알종알 이야기했다. 한참 동안 내 이야기를 들은 다윈 아저씨는 환한 얼굴로 말했다.

"허허! 네가 속한 모둠이 정말 최악이라고 생각하니?"

"당연하죠. 저희 반 아이들 모두 그렇게 생각하고 있어요."

나도 모르게 입이 툭 튀어나왔다. 다윈 아저씨가 내 어깨에 손을 얹으며 말했다.

"세상에 최악의 사람은 없단다. **주어진 환경에 적합한지 아닌지 또는 얼마나 적합한지가 중요하단다.**"

"네?"

나는 다윈 아저씨의 말을 이해할 수 없었다. 다윈 아저씨가 다시 말했다.

"만약 지구의 환경이 달라져서 하나의 종족만 살아남게 된다고 하자. 그러면 가장 강한 종족이 남을 것 같지?"

고민할 필요도 없이 나는 고개를 끄덕였다. 하지만 다윈 아저씨는 고개를 저었다.

"아무리 강한 종족이라도 지구 환경이 일시에 바뀌게 된다면 살아남을 수 없어. 아주 똑똑한 종족이라도 마찬가지야."

"그럼 어떤 종족이 살아남아요?"

나는 두 눈을 반짝이며 물었다. 다윈 아저씨가 나와 눈을 맞추며 말했다.

"바로 환경의 변화에 잘 적응하는 종족!"

다윈 아저씨의 말은 그럴 듯하게 들렸다. 그런데 그것이 최악의 모둠과 무슨 관계가 있는지는 알 수 없었다. 다윈 아저씨가 다시 말했다.

"최악의 모둠이라도 '과학 보고서 제출'이라는 목표를 향해 서로 도와서 발전해 나간다면 최고의 모둠으로 꼽힐 수 있다는 뜻이란다."

"후유!"

절로 한숨이 터졌다.

"구성원끼리 서로 어울리지 않아서 최악의 모둠이라고 부르는데, 어떻게 서로 도와서 발전할 수 있겠어요? 처음부터 불가능한 일이라고요."

나도 모르게 목소리가 커졌다.

"이제부터 너는 내 조수니까, 내가 힘닿는 데까지 도와주지!"

다윈 아저씨가 내 어깨를 툭툭 두드렸다. 나는 눈살을 찌푸리며 다윈 아저씨를 보았다.

"어떻게 도와주실 건데요?"

"내일 학교 수업이 끝나면 모둠 친구들이랑 나를 찾아와. 중간산 중턱에 있는 수상한 박물관으로 말이야. 알겠지?"

다윈 아저씨는 조그마한 명함 한 장을 나에게 내밀었다. 명함에는 '수상한 박물관장 다원'이라는 글자가 금색으로 적혀 있었다.

"모둠 친구들이 제가 하자는 대로 할지……."

나는 다원 아저씨에게 답답한 속마음을 꺼내 놓고 싶었다. 하지만 어느새 아저씨는 중간산을 향해 성큼 걸어가고 있었다.

'쳇, 다리 아프다더니!'

괜히 이런 말 저런 말 다 털어놓은 게 아닌가 싶었다. 다원 아저씨는 그다지 믿음직스럽지 않았다.

'잠깐, 그런데 수상한 박물관이 뭐지?'

나는 다시 명함을 보았다. 무언가에 홀린 듯한 기분이 들었다. 나는 자리에서 발딱 일어나 중간산을 바라보았다. 중턱에 있는 작은 집이 보였다.

"저 집이 정말 박물관으로 바뀌었다고?"

아파 죽겠다며 엄살을 피우던 아저씨의 모습이 이내 떠올랐다. 곧 내 이야기에 귀를 기울이던 진지한 눈빛도 스쳤다. 그게 장난이었는지 진심이었는지 알 수가 없었다.

"으아, 애들이 내 말을 믿고 따라와 줄까?"

밀물처럼 걱정이 밀려들었다. 하지만 왠지 모르게 시도는 해 보고 싶었다.

모둠은 불변이다
• 우리는 모두 같은 조상에서 나온 사람들이다 •

학교로 향하는 발걸음에 돌덩이가 매달려 있는 듯했다. 어제 하굣길에서 만났던 다원 아저씨 때문만은 아니었다.

"난 관심 없어!"

어제 저녁, 과학 탐구 보고서 때문에 상언이에게 전화했는데 상언이는 내 말을 단칼에 잘라 버렸다. 나는 무안해서 얼굴이 벌게졌다. 엄마가 봤다면 열이 나는 게 아니냐며 병원에라도 데리고 갔을 것이다. 나는 침대에 벌렁 드러누워 곰곰 생각을 했다.

'내가 뭘 잘못했나? 나한테 왜 저러지?'

내가 속한 5모둠이 마음에 들지 않는 것은 나도 마찬가지였다. 그래도 과학 탐구 보고서를 만들려면 함께 이야기를 해야만 했다.

상언이의 시큰둥한 목소리를 듣자 속에서 뜨거운 것이 부글부글 끓어올랐다. 당장이라도 상언이네 집을 찾아가 따지고 싶었다. 하지만 그러기에는 이미 너무 늦은 시간이었다.

현관문에서 잠금장치가 풀리는 소리가 들렸다. 장사를 마친 엄마 아빠가 들어오는 소리였다. 하루 종일 힘들게 일한 엄마랑 아빠에게 부루퉁한 얼굴을 보이기는 싫었다. 나는 거울을 보고 해죽 웃은 뒤 거실로 나가 엄마랑 아빠를 반겼다. 그래도 바늘처럼 뾰족한 신경 하나가 여전히 상언이를 향해 솟아 있는 것은 어쩔 수 없었다.

"황상언, 과학 탐구 보고서 주제를 무엇으로 하면 좋을지 같이 얘기해 보자."

실내화를 갈아 신고 교실로 향하면서 나는 상언이에게 건넬 말을 연습했다. 보라랑 경환이와 함께 상언이에게 가야겠다고 생각했다. 그러려면 모두 교실에 있어야 했다.

이번에도 상언이만 보이지 않았다. 나는 가방을 책상 옆에 걸어두고 경환이에게 달려갔다.

"상언이 오면, 우리 모둠 같이 모이자."

경환이는 태평한 얼굴로 그러자며 고개를 끄덕였다. 나는 다시 보라에게 다가갔다. 보라에게도 같은 말을 전할 참이었다. 그런데 옆 반 아이가 교실 앞문을 열더니 우리 모둠을 찾았다.

"과학 5모둠 여기 있어?"

옆 반 아이가 소리쳤다. 경환이랑 보라가 스르르 자리에서 일어났다. 옆 반 아이가 경환이를 보며 말했다.

"너희 담임 선생님이 교사 연구실로 오래."

옆 반 아이는 앞문을 쾅 닫고는 밖으로 나갔다. 보라가 두 눈을 동그랗게 뜬 채 나를 보았다. 무슨 일인지 묻는 듯했지만 나도 이유를 알지 못했다. 경환이가 해죽해죽 웃으며 먼저 교실 밖으로 나갔다. 나도 보라와 함께 경환이를 쫓아 담임 선생님이 있는 교사 연구실로 향했다.

"들어와서 쭉 앉아라."

교사 연구실 문을 열고 안으로 들어서자, 담임 선생님이 가운데에 있는 둥그런 회의 탁자를 가리키며 말했다. 탁자 한쪽에는 상언이가 먼저 와서 앉아 있었다.

"어? 황상헌, 우리는 교실에서 널 기다리고 있었는데!"

경환이가 상언이 옆에 자리를 잡으며 큰 소리로 말했다. 듣기 싫은 듯 상언이는 벽 쪽을 향해 고개를 돌렸다. 선생님도 탁자 앞에 자리를 잡았다.

"5모둠은 어떤 주제로 과학 탐구 보고서를 만들 거니?"

선생님이 물었다. 아이들은 멀뚱거리며 선생님을 바라보았다.

"다른 모둠은 어떤 걸로 할지 이야기를 시작한 것 같은데, 5모둠은 아직이야?"

"전 5모둠 안 한다니까요!"

상언이가 떼쓰듯 대꾸했다. 그제야 상언이가 왜 교사 연구실에 있는지, 담임 선생님이 왜 우리를 다 불렀는지 알 것 같았다. 담임 선생님이 상언이에게 물었다.

"이유가 뭔데?"

나도 묻고 싶은 말이었다. 나는 힐끗 고개를 돌려 상언이를 보았다. 상언이는 붉으락푸르락한 얼굴로 담임 선생님을 보았다.

"이유를 이야기해 줄 수 있겠니?"

선생님의 말에 상언이는 고개를 들고 보라를 보았다. 그리고 큰 목소리로 외쳤다.

"다른 나라 사람이랑 같이 하기 싫어요!"

그 순간, 보라의 눈이 휘둥그레졌다.

"여기 다른 나라 사람이 어디 있어?"

선생님의 목소리가 나직하게 울렸다.

"선생님도 아시잖아요!"

상언이는 절대로 굽힐 마음이 없어 보였다. 선생님이 흘깃 보라를 보았다. 보라는 아랫입술을 질끈 깨문 채 고개를 푹 숙이고만 있었다.

"보라는 우리나라 사람이야."

"반만 우리나라 사람이잖아요. 반은 다른 나라 사람이라고요!"

작정을 한 듯 상언이가 목청을 높였다.

"그래. 지구에는 수많은 나라가 있지. 하지만 **지구에 살고 있는 우리는 모두 같은 조상에서 나온 사람들이란다.**"

"어째서요?"

상언이가 성난 투로 물었다.

나와 경환이는 물끄러미 선생님과 상언이를 보았다. 보라는 여전히 고개를 숙인 채였다.

"생물은 단백질이나 지질, 탄수화물, 핵산과 같은 동일한 복합 분자로 구성되어 있어. 다만 살고 있는 곳의 환경이라든가 변이 활동을 통해 핵산의 정보가 달라지면, 그 결과 다른 분자들도 달라져서 서로 다른 생김새를 갖게 되는 거지. 그러니까 결국 우리는 같은 조상에서 나온 똑같은 사람들이야."

"그래도!"

상언이가 숨을 고르기 위해 잠시 말을 멈췄다. 그러고는 다시 말을 이었다.

"보라는 우리말을 잘 못한다고요."

"그게 5모둠을 하지 않겠다는 이유니?"

선생님의 물음에 상언이는 고개를 끄덕였다. 선생님의 눈길이 나와 경환이에게 머물렀다.

"너희는 어떠니?"

"저는 괜찮은데요!"

경환이는 여전히 밝고 경쾌한 목소리였다. 나는 힐끔 보라를 보았다. 보라는 계속 바닥만 내려다보고 있었는데 까무잡잡한 얼굴이 붉어져 있었다. 어쩐지 보라가 안쓰러웠다.

"우리말은 서툴지만, 보라는 똑똑하고 차분해요."

나는 또박또박 말했다. 담임 선생님이 빙긋 웃으며 고개를 끄덕였다.

"선생님이 보기엔 5모둠이 서로 힘을 모으면 아주 멋진 과학 탐구 보고서를 만들 수 있을 것 같아. 서로 조금씩 다르지만, 서로의 단점을 보완해 주고 장점을 활용할 수 있을 것 같거든."

선생님의 말에 경환이는 고개를 크게 끄덕이며 맞장구쳤다. 상언이와 보라는 아무런 반응도 보이지 않았다.

선생님은 말없이 우리를 둘러보았다. 나는 딱히 할 말이 없어서 물끄러미 책상만 보았다. 째깍째깍 시간만 흘러갔다. 선생님이 다시 입을 열었다.

"한 번 정해진 모둠은 바꿀 수 없어. 그러니까 군소리 없이 받아들이도록! 5모둠의 주제는 선생님이 정해 줘도 될까?"

상언이와 보라가 고개를 들었다. 나와 경환이도 선생님에게 눈을 돌렸다. 선생님이 빙긋 웃으며 말했다.

"진화에 대해서 탐구해 보렴."

"진화요?"

우리는 한 목소리로 물었다.

"5모둠에 아주 잘 어울리는 주제라고 생각해. 그리고 모둠장은 준서가 맡도록 하자. 5모둠의 결속력을 위해서 선생님이 특별히 정해 주는 거야."

상언이가 얼굴을 찡그렸다.

"마음에 들지 않아?"

"저는 좋아요!"

경환이는 주제를 쉽게 정해서 좋은지 몸을 흔들었다.

"좋습니다."

가느다란 목소리로 보라가 말했다.

선생님이 나를 보았다. 나는 상언이가 신경 쓰였다.

"모둠장은 상언이가 하는 게……."

"네가 해!"

내 말이 끝나기도 전에 상언이가 외쳤다. 선생님이 손뼉을 짝 치며 자리에서 일어섰다.

"자, 그럼 주제랑 모둠장이 정해졌으니까, 서로 힘을 모아서 멋진 보고서를 만들도록! 다음 주까지 제출하는 거 알지?"

선생님의 말이 끝나기가 무섭게 수업 시작 예비 종이 울렸다. 우리는 선생님에게 인사를 하고 교사 연구실을 빠져나왔다. 상언이는 길게 한숨을 쉬고 교실로 향했다. 나는 상언이의 뒷모습을 보며 더 큰 한숨을 내쉬었다.

쉬는 시간마다 아이들은 주제를 정하겠다며 모둠별로 모여 떠들어 댔다. 하지만 우리는 그럴 필요가 없었다. 우리는 주제가 정해졌으니까. 그래도 어떻게 나눠서 연구해야 할지 이야기를 해야만 했다. 그런데 쉬는 시간마다 상언이는 자리에 붙어 있지를 않았다.

나는 미리 상언이에게 문자를 보내고, 점심시간이 시작되자마자 상언이 자리로 달려갔다. 상언이가 막 자리에서 일어나려던 참이었다. 나는 경환이와 보라를 불렀다.

"점심 먹고 얘기하면 안 돼?"

경환이가 두 눈을 슴벅이며 나를 보았다. 보라는 여전히 말이 없었다. 나는 상언이가 또 사라질까 봐 걱정이 되었다.

"그럼 밥 먹고 도서관 앞에서 보자. 그래도 되지?"

상언이가 말하고는 자리에서 일어섰다. 그리고 잠시 나를 똑바로 쳐다보았다. 얼떨결에 나는 고개를 끄덕였다. 경환이는 신바람이 나서 급식실로 뛰어갔다.

점심시간이 지나서 우리 모둠은 처음으로 한자리에 모였다. 그러나 서로 불편한 얼굴은 숨길 수 없었다.

"우선 도서관에 가서 각자 진화가 뭔지 알아보고, 5교시 끝나고 쉬는 시간에 다시 만나서 얘기하자."

상언이가 말했다.

상언이는 무엇을 어떻게 할 것인지 이미 생각해 둔 것 같았다. 나는 내가 모둠장이라는 게 조금 창피했다. 하지만 크게 신경 쓰지 않기로 했다. 상언이가 모둠 활동에 적극적이면 일을 빨리 진행할 수 있을 테니까. 우리는 모두 상언이의 의견에 동의하고 도서관으로 갔다.

생각보다 '진화'와 관련된 책이 엄청 많았다. 나는 《진화란 무엇인가》라는 딱딱한 제목의 책을 찾아 펼쳤다. 그런데 맨 앞장에 낯익은 이름이 보였다.

"진화의 선구자, 다윈?"

나는 얼른 바지 주머니에 손을 넣어 어제 구겨 넣은 명함 한 장을 꺼냈다. 명함에는 또렷하게 '다윈'이라는 이름이 적혀 있었다. 책에서는 다윈이 1809년에 태어난 사람이라고 했다. 어제 본 아저씨와 절대 같은 사람일 리는 없었지만 신기했다.

'아저씨를 찾아가 볼까?'

책만 뒤적거리고 있는 것보다 수상한 박물관에 가서 진화의 선구자랑 이름이 똑같은 다윈 아저씨의 도움을 받는 것이 더 재미있을 것 같았다. 나는 점심시간이 끝날 때까지 책을 찬찬히 살펴 읽었다.

5교시 수업이 끝나고 쉬는 시간이 되었다. 우리는 다른 모둠처럼 교실 뒤에 옹기종기 모여 앉았다.

"진화가 뭔지 책을 읽어도 모르겠어. 재미도 없고, 너무 어려워."

경환이가 울상을 지었다. 보라는 말없이 고개만 끄덕였다. 상언이가 나를 보았다.

"넌 어땠어?"

"다윈은 진화의 선구자래. 선구자가 무슨 말인지 알아? 어떤 일을 다른 사람보다 앞서서 연구한 사람을 뜻해."

내 말에 아이들은 고개를 끄덕였다.

"더 신기한 것은 뭔 줄 알아? 내가 어제 어떤 사람을 만났는데 그 사람 이름이 다윈이야!"

내가 말을 마치자, 경환이는 눈을 동그랗게 뜨고 물었다.

"우리나라 사람 이름이 다윈이라고?"

나는 어제 만났던 아저씨의 얼굴을 떠올렸다. 생각해 보니 눈은

깊게 패인 데다 머리카락도 갈색이었던 것 같았다. 하지만 그 정도로 다른 나라 사람이라고 단정 지을 수는 없었다. 게다가 아저씨는 우리말을 유창하게 잘했다.

나는 대답 대신 다윈 아저씨의 명함을 아이들 앞에 내밀었다.

"수상한 박물관이 뭐야?"

상언이가 눈살을 찌푸리며 나를 보았다.

나는 순간 멈칫했다. 다윈 아저씨에게 명함을 받고 이야기도 오래 나눴지만 정작 수상한 박물관이 어떤 곳인지는 묻지 않았기 때문이다.

"그건 나도 잘 몰라. 하지만 아저씨가 우리를 도와줄 수 있다고 했어."

나는 어물어물거리며 겨우 말을 맺었다.

"그럼 우리 다 같이 가 보자!"

경환이가 목청껏 소리쳤다.

"거기가 어딘 줄 알고 가냐?"

상언이가 핀잔을 주었다.

"중간산 중턱에 있댔어."

나는 부리나케 말을 이었다.

"그래도 뭘 하는 곳인 줄도 모르잖아!"

상언이의 목소리는 진지했다.

"그러니까 더 재밌잖아. 같이 가 보자. 응?"

경환이가 상언이의 팔을 흔들며 매달렸다. 보라도 같이 가고 싶은 눈치였다.

상언이가 나에게 말했다.

"모둠장, 결정은 네가 내려."

"내 결정은……. 좋아! 같이 가 보자!"

내가 말했다. 하는 수 없다는 듯이 상언이가 고개를 끄덕였다.

다시 6교시 수업이 시작됐다.

비글호에 오르다

· 환경과 살아가는 방식의 변화에 따라 예전에 사용했던 흔적만 남은 기관이 있다 ·

　우리는 중간산 중턱에 있는 작은 집 앞에 도착해 송골송골 이마에 맺힌 땀방울을 손등으로 닦았다. 우리 동네에서는 좀처럼 보기 힘든 검은색 함석지붕에 군데군데 깨진 곳이 보이는 붉은 벽돌 그리고 구석구석 검은 곰팡이가 피어 있는 나무 문까지, 작은 집은 철거되기 직전의 폐가 같았다.

　어디에서도 사람이 살고 있는 흔적은 찾을 수 없었다. '수상한 박물관'이라는 간판도 보이지 않았다.

　"여기가 진짜로 박물관 맞아?"

　상언이가 마뜩잖은 표정으로 물었다. 나도 수상한 박물관에 처

음 온 것이라 아무 말도 하지 못했다.

"여기가 박물관이 맞냐고?"

상언이의 목소리에 한껏 짜증이 섞여 있었다. 나도 머리끝까지 화가 치밀었다. 덜컥 낯선 아저씨의 말을 믿어 버린 게 속상했다.

"나한테 꼭 오라고 했어……. 박물관에서 조수 하라고 했거든. 혹시 모르니까 한번 들어가 보자."

나는 아이들을 휘 둘러보며 자신 없는 목소리로 말했다.

보라는 잽싸게 상언이의 눈치를 살피고는 고개를 끄덕였다. 경환이도 고개를 끄덕였다. 상언이의 표정만 굳어 있었다. 내가 상언이의 팔을 잡고 말했다.

"들어가서 다윈 아저씨를 만나 보자."

"이런 곳에 사람이 있을 것 같아?"

상언이는 답답하다는 듯 주먹으로 가슴을 내리쳤다. 그러고는 곧 어쩔 수 없다는 듯 씩씩거리며 발걸음을 옮겼다.

"없기만 해 봐."

우리는 삐걱거리는 나무 문을 밀고 작은 집 안으로 들어섰다. 안은 바깥에서 볼 때와는 완전히 달랐다. 사방에는 유리로 된 전시실이 있고, 가운데에는 커다란 돛을 세운 배가 있었다. 전시실에는 생전 처음 보는 낯선 동물들이 각자의 이름이 적힌 팻말 뒤

에 자리를 잡고 있었다. 작지만 그런대로 박물관다운 모습이었다.

"다윈 아저씨! 다윈 아저씨!"

나는 커다란 배 옆에서 소리를 질렀다. 하지만 아무런 대답도 들려오지 않았다. 박물관 안은 조용하기만 했다. 상언이랑 경환이랑 보라가 슬금슬금 내 옆으로 붙어 섰다.

너무 조용해서 나도 슬쩍 겁이 나던 참이었다.

"안 계신가 봐!"

경환이의 목소리가 파르르 떨렸다.

"이대로 돌아갈 수는 없잖아."

나는 마른침을 꿀꺽 삼키며 주위를 살폈다. 바로 옆에 '비글호'라는 팻말이 세워져 있었다. 커다란 배의 이름인 듯했다.

"잠깐! 나 이 배 이름을 책에서 봤어!"

상언이가 조금 들뜬 목소리로 말했다.

"어떤 책에서 봤는데?"

"도서관에서 본 진화에 관한 책이었어. 비글호는 다윈이 타고 다닌 배 이름이야."

"정말?"

경환이랑 보라가 눈을 동그랗게 뜨며 동시에 말했다. 상언이가 고개를 끄덕였다.

"우리 집 강아지 종류가 비글이거든. 이름이 익숙해서 단번에 외웠어."

"그럼 다윈 아저씨가 저 배 안에 있을까?"

나는 고개를 들어 커다란 배를 보았다. 배는 바다에 띄워도 될 만큼 멀쩡했다.

"비글호에 한번 올라가 보자!"

상언이가 말했다.

"그런데 박물관 물건을 함부로 만져도 되는 거야?"

"보는 사람도 없는데, 뭘."

경환이랑 보라도 좋다고 했다. 걱정했던 것과는 달리 셋은 뜻이 잘 맞았다. 나도 망설일 필요가 없었다.

우리는 팻말을 밟고 두 팔을 뻗어 배의 끄트머리를 잡았다. 그러고는 거침없이 배에 올랐다. 전시용 배라 그런지 안은 텅 비어 있었다.

"선실로 들어가 보자!"

상언이가 굳게 닫혀 있는 선실 문을 가리켰다. 배에도 올랐으니 선실이라고 못 갈 이유가 없었다. 나는 선실 앞으로 다가가 손잡이를 잡았다. 그리고 있는 힘껏 손잡이를 돌렸다. 그 순간 "우르릉 쾅!" 하며 천둥과 번개가 동시에 몰아치더니 박물관이 깜깜해졌다. 우리는 비명을 질렀고 보라는 바닥에 주저앉아 버렸다. 경환이는 그새 울음을 터뜨렸다.

"정신 차려!"

상언이가 더듬거리며 보라를 잡아 일으켰다. 나도 경환이의 손을 찾아 잡았다.

"선실 문을 닫을게!"

나는 잡고 있던 선실 문의 손잡이를 돌리려고 했다. 그런데 배가 오른쪽으로 기울어졌다. 우리 모두는 배의 오른쪽으로 쏠려 넘어졌다.

"철썩!"

그때 파도 소리가 들렸다. 박물관 내부의 스피커에서 나오는 소리가 아니었다. 실제로 철썩거리는 파도 소리와 함께 물방울이 사방에서 튀었다. 바다의 짠 냄새가 풍겨 왔다.

"이게 어떻게 된 거지?"

몸을 일으키려는데 커다란 발이 내 앞에 성큼 다가왔다.

"이런, 꼬리뼈 괜찮니?"

낯선 목소리에 우리는 천천히 고개를 들었다.

"다윈 아저씨!"

내가 아는 체를 했다.

"오호, 조수! 정말로 왔구나!"

다윈 아저씨는 나를 잊지 않고 있었다. 나는 재빨리 자리에서 일어나 다윈 아저씨 앞에 섰다.

"이게 어떻게 된 거죠? 저희는 지금 어디에 있는 거예요?"

"허허, 우선 친구들이랑 인사부터 나눠도 되니? 얘들아, 안녕? 나는 수상한 박물관의 관장인 다윈이란다."

다원 아저씨는 아무렇지도 않은 듯 아이들에게 인사를 건넸다. 아이들은 어리벙벙한 표정으로 자리에서 일어나 다원 아저씨에게 인사를 했다.

"너희가 준서랑 같은 모둠이니?"

다원 아저씨가 물었다. 그 순간 하얀 파도가 철썩이며 뱃전을 때렸다. 배가 휘청이며 왼쪽으로 기울었다.

"꼬리뼈 다칠라, 조심해!"

다원 아저씨가 경환이와 보라를 잡았다. 아이들은 다원 아저씨의 손을 잡고, 조심조심 바닥에 주저앉았다.

"그런데 아저씨, 꼬리뼈는 어디에 있는 거예요?"

다원 아저씨와 마주 앉은 경환이가 물었다.

"하하, 꼬리뼈는 척추의 가장 끝부분에 있어. 아주 먼 옛날에는 사람에게도 꼬리가 있었거든. 그 증거로 우리에겐 꼬리뼈가 남아 있지."

"꼬리뼈가 사람에게 꼬리가 있었다는 증거라고요?"

상언이가 관심을 보였다. 다원 아저씨가 말했다.

"한때 사용했지만 환경과 살아가는 방식이 달라지면서 쓸모가 없어져 흔적만 남은 기관을 흔적 기관이라고 해. 사람의 꼬리뼈나 뱀의 다리뼈, 두더지의 눈이 대표적인 흔적 기관의 예라고 할 수 있지."

"우아, 정말 박물관장님 맞나 보다."

상언이와 달리 경환이는 지루하다는 듯이 하품을 해 댔다.

"여긴 어디예요? 저희들은 어디로 가고 있는 거죠?"

상언이가 다급하게 물었다.

"너희들 스스로 찾아온 것 아니니?"

다윈 아저씨가 싱긋 웃으며 우리를 보았다.

또 파도가 솟으며 배가 흔들렸다. 우리는 서로의 팔을 잡으며 납작 몸을 낮췄다.

"최악의 모둠이라기에 사이가 아주 나쁜 줄 알았는데, 그게 아닌가 보네?"

다윈 아저씨는 여전히 여유가 있어 보였다. 상언이가 멋쩍은 듯 우리를 둘러보았다. 그러고는 다윈 아저씨에게 말했다.

"여기가 어딘지 설명해 주세요."

"여기는 아마도……."

다윈 아저씨는 뱃머리로 다가가 기다란 망원경을 눈에 갖다 댔다. 그러고는 큰 소리로 말했다.

"저기 갈라파고스 제도가 보이는구나. 오호, 조금만 더 가면 되겠어!"

다윈 아저씨는 무척 기쁜 듯 보였다. 하지만 우리는 영문을 알 수 없었다.

"네? 여기가 어디라고요? 저희는 지금 기절할 것 같아요."

내 말에 다윈 아저씨는 저벅저벅 우리 앞으로 다가왔다.

"지금 여기는 태평양 동쪽, 적도의 바로 아래란다. 아까 말했다시피 조금 있으면 에콰도르 령에 해당하는 갈라파고스 제도에 도착할 거야."

"우리는 방금 전까지 대한민국 서울에 있었는데요?"

상언이가 말했다.

"하지만 지금은 비글호를 타고, 태평양 동쪽을 지나고 있지."

다윈 아저씨는 다시 고개를 돌려 뱃머리를 보았다. 우리도 아저씨를 쫓아 고개를 돌렸다. 넓고 푸른 바다가 눈앞에 펼쳐졌다. 뱃머리를 때리던 하얀 파도는 어느새 사라진 듯했다.

우리는 천천히 자리에서 일어났다. 푸른 바다가 햇살을 받아 은빛으로 빛났다.

"누가 나 좀 꼬집어 줄래?"

경환이가 얼떨떨한 목소리로 말했다. 상언이가 경환이의 팔을 세게 꼬집었다.

"아야!"

경환이가 소리를 지르며, 상언이의 손을 뿌리쳤다.

"아파?"

상언이가 물었다.

"그렇게 세게 꼬집는데, 당연히 아프지!"

경환이가 억울한 듯 울먹거렸다. 상언이는 믿을 수 없다는 듯 고개를 저었다. 보라는 자기 뺨을 찰싹찰싹 때리고는 나지막하게 말했다.

"이것은 꿈이 아니야."

"호랑이 굴에 들어가도 정신만 차리면 살 수 있다고 했어. 우리, 정신 바짝 차리고 흩어지지 말자!"

내 말에 아이들이 동시에 고개를 끄덕였다. 그러고는 누가 먼저랄 것도 없이 서로의 손을 꼭 잡았다. 뱃머리에 우뚝 서 있던 다윈 아저씨가 그런 우리를 보고 싱긋 웃으며 말했다.

"왠지 너희들 모둠에서 최고의 과학 탐구 보고서가 나올 것 같은데?"

'과학 탐구 보고서'라는 말을 들으니 분명 꿈은 아니었다.

"왜 그렇게 생각하세요?"

상언이가 물었다.

"아직은 서먹하지만 서로들 믿고 의지할 것 같은걸?"

어디까지나 아저씨의 느낌일 뿐이었다. 우리는 서로를 보며 한숨을 길게 내쉬었다.

"걱정 마라. 하나의 주제를 두고 서로 의견을 나누면서 자기 고

집만 부리지 않는다면 최고의 보고서를 만들 수 있을 거야."

불현듯 선생님이 정해 준 우리 5모둠의 주제가 떠올랐다.

"저희는 진화에 대해서 보고서를 써야 해요."

내가 외치듯 말했다.

"오, 그래? 그렇다면 아주 잘되었구나. 진화라면 내가 아주 잘 아는 분야거든."

다윈 아저씨는 눈썹을 찡긋거렸다. 나는 도서관에서 보았던 책을 다시 한 번 떠올렸다.

'다윈은 엄청 옛날에 태어나고 죽은 사람이잖아. 그런 사람이 지금 내 앞에 있을 리 없어.'

나는 도리질을 하며 두 눈을 부릅떴다. 신경을 바짝 세워야 할 것 같았다. 그러고는 천천히 아이들을 보았는데 넷이 손을 꼭 잡은 모습이 보기 좋았다. 다윈 아저씨가 진짜이건 아니건 상관없었다. 금방 산산조각날 것 같았던 5모둠이 하나가 되어 꼭 붙어 있다는 사실이 중요했다.

핀치를 잡아라
• 환경과 조건에 맞는 생김새가 선택된다 •

시커먼 바위들이 우뚝우뚝 솟아 있는 섬 앞에서 배가 멈췄다. 다윈 아저씨는 뱃머리에 우두커니 서서 감격에 찬 얼굴로 바위섬을 올려다보았다.

"안 내려요?"

상언이가 물었다. 다윈 아저씨는 여전히 바위섬을 바라보고 있었다.

"이곳은 지구상에 남아 있는 희귀한 생명들을 만날 수 있는 곳이란다. 가슴이 벅차오르지 않니?"

다윈 아저씨의 목소리는 기쁨에 겨워 흔들렸다. 하지만 우리는 별다른 느낌이 없었다. 갑작스럽게 벌어지는 일들이 그저 당황스러울 뿐이었다. 선실에 있던 우리들은 가방을 챙겨 배에서 내렸다. 그제야 다윈 아저씨도 우리를 뒤따라 내렸다.

조그마한 섬에는 구멍이 뿡뿡 뚫린 까만 돌이 무척 많았다. 다윈 아저씨는 화산섬이라서 그렇다고 설명해 주었다.

"우리나라 제주도랑 비슷한 것 같아."

경환이가 생글거리며 말했다. 상언이는 어느새 내 옆으로 바짝 붙어 섰다.

"너는 박물관에 이런 곳이 있는 줄 알았어?"

상언이가 물었다.

나는 상언이를 보며 고개를 저었다. 상언이 옆에서 보라도 빼죽 얼굴을 내밀었다. 보라의 까무잡잡한 얼굴이 허옇게 질려 있었다.

"우리 집으로 돌아갈 수는 있는 거야?"

상언이가 다시 나지막이 물었다. 나는 앞서가는 다원 아저씨만 물끄러미 바라보았다. 답은 나도 알 수 없었다.

다원 아저씨를 따라 앞장서 걷고 있던 경환이가 빨리 오라고 우리에게 손을 흔들었다.

"저 녀석은 뭐가 저렇게 좋대?"

상언이가 심통이 난 목소리로 툴툴거렸다. 나는 성큼성큼 다원 아저씨에게 다가갔다.

"아저씨! 저 여쭤 볼 게 있어요!"

다윈 아저씨가 내 쪽으로 고개를 돌렸다. 그러다가 무엇을 보았는지 눈을 휘둥그레 뜬 채 나를 향해 달려왔다. 다윈 아저씨는 나를 지나쳐 내 뒤에 떡 하니 있던 커다란 거북에게 다가갔다.

"얘들아, 이리 와 봐! 세상에! 이렇게 커다란 거북을 본 적 있니?"

다윈 아저씨의 목소리는 구름을 타고 날아가는 것처럼 들떠 있었다.

"후유."

상언이는 고개를 저으며 한숨을 쉬었다. 경환이가 경중경중 뛰어 다윈 아저씨 옆으로 갔다.

"우아, 진짜 크다. 동물원에서 본 것보다 훨씬 더 큰 것 같아요!"

"그래. 이게 바로 갈라파고스 땅거북이란다. 지구상에서 가장 큰 거북이지."

다윈 아저씨는 거북의 갈색 등껍질을 두 손으로 쓰다듬으며 세상을 다 얻은 양 기뻐했다. 마치 갈라파고스 땅거북을 만나기 위해 배를 타고 먼 길을 달려온 것처럼 보였다.

"아저씨, 안 가세요?"

상언이가 소리쳤다. 다윈 아저씨가 멀찌감치 떨어져 있는 상언이를 바라보며 벙싯 웃었다.

"녀석, 뭐가 그렇게 급해? 이리 와서 이 녀석 등껍질을 좀 보려무나."

상언이는 한시라도 빨리 집으로 돌아가고 싶어 발을 제자리에서 쿵쿵 굴렀다.

"걱정하지 마. 아저씨 옆에 꼭 붙어 있으면 돌아갈 수 있을 거야."

나는 상언이의 팔을 잡고 다독였다.

"어떻게? 언제 돌아가는데?"

상언이의 눈가에 눈물이 고였다.

상언이는 언제나 자신만만하고 무엇이든 최고로 잘하는 아이다. 그렇게 빈틈이 없는 아이가 울고 있다니! 상언이도 나랑 크게 다르지 않은 아이 같았다. 상언이가 조금 좋아지려 했다.

"나도 돌아가고 싶어. 그러니까 우리 힘내자."

나는 상언이를 잡은 팔에 힘을 줬다. 상언이는 무안한 듯 고개를 돌렸다. 그러고는 부리나케 눈물을 닦아냈다.

"나도 집에 가고 싶어."

보라가 내 옆에 바짝 다가와서 말했다.

나는 상언이와 보라와 팔짱을 끼고 다원 아저씨와 경환이가 있는 쪽으로 다가갔다.

"얘들아, 이것 좀 봐. 이 거북은 등껍질이 특이해!"

경환이가 거북의 등껍질을 어루만지며 호들갑을 떨었다. 경환이는 집으로 돌아갈 걱정 따위는 하지 않았다.

"등껍질이 다 똑같지. 뭐가 특이하다는 거야?"

상언이가 불만 섞인 목소리로 물었다.

"그동안 너는 보통 거북을 자세히 보지 않았나 보구나."

다윈 아저씨가 말했다. 상언이는 두 눈을 위로 치켜뜨며 골똘히 생각에 잠겼다. 그러고는 손가락으로 조그마한 육각형을 그렸다.

"거북의 등껍질은 요런 육각형 모양이잖아요."

상언이가 소리쳤다. 다윈 아저씨가 고개를 끄덕였다.

"보통의 거북은 작은 정육각형 모양의 등껍질을 갖고 있지. 아니면 나무의 나이테처럼 둥근 등고선 모양을 하고 있거나."

"그런데 갈라파고스 거북은 세로로 길쭉한 육각형이잖아. 그리고 가운데는 볼록볼록 튀어나와 있어."

경환이가 알은 척을 했다.

"거북 등껍질이 뭐가 중요하다고 난리야?"

상언이가 입을 삐죽 내밀었다.

"중요하대. 왜냐하면 이게 음, 여러 종의…… 뭐라고 하셨죠?"

경환이가 고개를 들어 다윈 아저씨를 보았다. 아이들이 멀리 떨어져 있는 사이에 설명을 들은 모양이었다. 다윈 아저씨가 다시 말했다.

"같은 종이라도 사는 곳에 따라 다양한 형태로 변화하고 발전할 수 있음을 보여 주는 사례란다."

"맞다! 아저씨 말에 의하면 이것도 진화의 증거래. 그렇죠?"

다윈 아저씨가 고개를 끄덕였다. 그제야 상언이도 나도 보라도 커다란 거북의 등껍질에 눈을 돌렸다. 경환이 말대로 갈라파고스에서 만난 거북의 등껍질은 조금 특이해 보였다.

"이게 진화의 증거라고요?"

상언이의 눈이 번쩍였다. 집에 돌아가지 못할까 봐 걱정하던 모습은 그새 사라지고 없었다. 다윈 아저씨가 고개를 끄덕이며 제안을 했다.

"갈라파고스 거북 말고도 이곳에 살고 있는 동물 중에는 진화의 증거가 되는 귀한 동물이 여럿 있단다. 너희들이 한번 찾아보겠니?"

"저희가요?"

내가 빽 소리치며 말을 이었다.

"저희는 진화가 뭔지도 몰라요. 그런데 어떻게 진화의 증거를 찾아요?"

내 말이 끝나기가 무섭게 아이들은 있는 힘껏 고개를 끄덕이고는 다윈 아저씨를 보았다. 다윈 아저씨는 멋쩍은 듯 손가락으로 코끝을 긁었다.

"애들아, 진화는 어려운 게 아니란다. 분명히 같은 종의 동물인데 종족들과 뭔가 달라 보이는 게 있다면, 그건 어떤 요인에 의해 진화가 되었다는 거거든. 그러니까 같은 종인데 달라 보이는 동물만 찾으면 된단다."

"그래도 우린 여기에 처음 왔는걸요?"

상언이가 억울하다는 듯 목청을 높였다. 우리는 모두 상언이의 말에 고개를 끄덕였다. 진짜 하나의 모둠이 된 것 같았다.

"알았다. 그렇다면 말이야."

다윈 아저씨는 무엇인가를 찾는 듯 고개를 들었다. 그러고는 섬 안쪽에 자리 잡고 있는 자그마한 숲을 가리켰다.

"저기로 가서 새를 잡아 오너라."

우리는 이해할 수 없다는 표정으로 다윈 아저씨를 보았다.

"진화의 증거를 보여 줄 테니 얼른 가서 새를 잡아 오렴."

다윈 아저씨는 서두르라며 손을 흔들었다. 하지만 우리는 선뜻 발걸음이 떨어지지 않았다.

"날아다니는 새를 무슨 수로 잡아요?"

"우리는 날 수도 없는걸요?"

불만이 동시에 터졌다. 그러자 다윈 아저씨의 얼굴이 조금 차갑게 변했다.

"설마 내가 너희들이 할 수 없는 일을 시켰겠니? 그렇게 나를 믿지 못하는 거야?"

다윈 아저씨는 휙 등을 돌렸다. 이러다가는 집으로 돌아가지 못할 것 같았다. 나는 잽싸게 다윈 아저씨의 팔을 붙잡았다.

"죄송해요. 저희가 얼른 가서 새를 잡아 올게요."

나는 아이들을 향해 외쳤다.

"빨리 가자!"

말은 그렇게 했지만, 사실 나는 자신이 없었다. 그래도 다른 방법이 없었다. 우리는 다윈 아저씨가 가리킨 작은 숲을 향해 부리나케 걸음을 옮겼다.

"무슨 새를 잡아 오라는 건지 알아?"

경환이가 나지막한 목소리로 물었다. 아이들은 멀뚱멀뚱 고개를 저었다.

"가 보면 알겠지. 일단 가자."

우리들의 걸음이 점점 빨라졌다.

섬의 안쪽에는 그리 크지 않은 나무들이 빽빽하게 모여 숲을 이루고 있었다. 우리는 우리보다 조금 큰 나무를 올려다보며 새를 찾았다. 하지만 새는 보이지 않았다.

"새는커녕 새소리도 들리지 않잖아!"

경환이가 바닥에 털썩 주저앉으며 불평을 터뜨렸다.

"그래도 잡아오라잖아."

내가 경환이를 채근했다. 경환이가 고개를 들었다.

"너희들끼리 찾아서 잡아 오면 안 돼? 난 여기서 기다릴게."

"모둠 과제는 같이 해야 해! 혼자만 빠지면 안 된다고!"

상언이가 소리쳤다. 보라도 고개를 끄덕였다.

"그래도 너무 힘든데……."

경환이가 얼굴을 구기며 고개를 푹 숙였다. 그러다가 화들짝 놀라며 자리에서 발딱 일어났다.

"왜 그래?"

나는 경환이 곁에 바짝 다가갔다.

"저기, 저기 좀 봐."

경환이가 겁에 질린 얼굴로 나무 아래쪽을 가리켰다.

상언이와 브라도 깜짝 놀라 경환이와 나에게 달려왔다. 나는 허리를 숙여 경환이가 가리킨 곳을 바라보았다. 그러다 경환이처럼 놀란 얼굴로 아이들에게 외쳤다.

"새다!"

뾰족한 부리와 날개가 있고, 다리가 두 개인 동물은 분명히 새였다!

"저걸 잡아 오라는 건가?"

새를 바라보며 상언이가 마른침을 꿀꺽 삼켰다.

"그, 그런가 본데……"

경환이는 말을 더듬었다. 잔뜩 겁을 먹은 모양이었다. 하지만 새의 생김새는 우리가 겁먹을 만큼 위협적이지 않았다.

"귀엽다."

보라가 속삭이듯 작은 소리로 말했다.

"그럼 네가 잡아 봐."

경환이가 한 걸음 뒤로 물러섰다. 나는 힐끔 경환이를 보았다. 경환이는 땀을 삐질삐질 흘리고 있었다. 어떤 상황에서도 태평하던 경환이답지 않았다.

"저 새가 그렇게 무서워?"

나는 히죽 웃으며 경환이에게 물었다. 경환이는 빤히 새를 쳐다보며 말했다.

"우리가 보고 있는데도 꼼짝하지 않잖아. 꼭 싸움을 걸려는 것처럼 쳐다보는 눈이 무서워."

나는 다시 새를 보았다. 손바닥으로 답삭 안아도 될 만큼 작은 새는 경환이의 말처럼 사람을 보고도 피하지 않았다. 오히려 신기한 듯 우리를 보고 있었다.

"내가 잡아 볼까?"

보라가 나섰다. 우리는 보라를 말리지 않았다.

보라가 몸을 바짝 낮추고 살금살금 새에게 다가갔다. 여전히 새는 눈 한 번 끔뻑하지 않았다. 오히려 보라를 향해 한 발짝씩 다가왔다. 새는 정말 쉽게 잡혔다.

"아이, 귀여워. 집에 데려가서 키우고 싶다."

보라가 새를 끌어안으면서 활짝 웃었다. 학교에서는 한 번도 본 적이 없는 얼굴이었다. 갑자기 마음이 편안해졌다. 새를 잡아서인지, 보라가 웃어서인지 알 수 없었다.

우리는 작은 새 한 마리를 잡아서 의기양양하게 작은 숲을 벗어났다. 새는 보라의 손에 폭 안긴 채 말똥거리며 우리와 눈을 맞췄다.

"얘는 사람이 무섭지 않은가 봐."

잠시 새를 바라보다가 상언이가 말했다.

"어디가 아픈 게 아닐까?"

경환이는 멀찍이 떨어진 채 작은 새를 걱정스럽게 보았다. 경환이가 새를 무서워한다는 것을 처음 알았다.

"혹시 사람을 처음 보는 건 아닐까?"

내 말이 그럴 듯하다며 상언이는 고개를 끄덕였다.

우리는 서둘러 걸음을 옮겼다. 그런데 거북과 함께 있어야 할 다윈 아저씨가 보이지 않았다. 더럭 겁이 났다.

"우리에게 말도 없이 어딜 가신 거지?"

상언이가 바짝 신경을 세운 채 입을 열었다. 보라도 겁에 질린 얼굴로 주위를 두리번거렸다.

"설마 아저씨 혼자 가 버린 걸까?"

경환이의 목소리가 덜덜 떨렸다. 나는 절대 그럴 리가 없다고 생각했다.

"우릴 두고 가실 분이라면 처음부터 나타나지도 않았을 거야!"

내가 힘 있는 목소리로 말했다. 하지만 아이들은 내 말을 믿지 않았다.

"갑자기 새를 잡아오라고 할 때 알아봤어야 하는데!"

상언이가 빽 성질을 냈다. 그러고는 멀뚱멀뚱 자리를 지키고 있는 거북에게 시비를 걸었다.

"야, 네가 말 좀 해 봐. 아저씨 어디 갔어? 응?"

당연한 일이지만 거북은 대답이 없었다.

"어휴, 답답해!"

상언이는 바다를 향해 고함을 질렀다. 그러고는 바닥에 뒹구는 돌멩이 하나를 힘껏 걷어찼다.

"아이쿠!"

바다 쪽에서 비명이 들렸다. 우리는 눈을 동그랗게 뜨고 소리가 나는 쪽을 보았다. 다윈 아저씨가 한 손으로 이마를 어루만지며 모습을 드러냈다. 다른 한 손으로 작은 새를 한 마리 붙잡고 있었다.

"다윈 아저씨!"

우리는 우르르 다윈 아저씨에게 달려갔다. 다윈 아저씨가 장난기가 어린 얼굴로 나를 보았다.

"또 네 녀석 짓이지?"

나는 두 손을 휘휘 저었다.

"상언이가 그랬어요. 저는 진짜 아니라고요."

"알았다, 알았어. 녀석, 돌멩이 차는 솜씨가 대단한걸."

다윈 아저씨는 멋쩍게 웃고는 보라에게 눈을 돌렸다.

"핀치를 잡아왔구나."

"핀치요?"

우리는 눈을 동그랗게 뜨고 아저씨를 보았다. 아저씨는 보라에게 안고 있는 새를 바닥에 내려놓으라고 했다. 그러고는 아저씨도 손에 있던 작은 새 한 마리를 바닥에 놓았다.

"똑같은 새네요!"

경환이가 소리쳤다. 다윈 아저씨는 또 고개를 끄덕였다.

"핀치라고 불리는 같은 종류의 새야. 그런데 둘을 자세히 살펴봐라."

우리는 바닥에 납작 엎드린 채 두 마리의 새를 번갈아 보았다. 새들은 두 발로 종종거리며 주위를 돌아다닐 뿐 하늘 높이 날아오르지 않았다.

"얘들은 날지 못해요?"

상언이가 물었다.

"굳이 날지 않는 것뿐이란다."

"왜요?"

이번에는 내가 물었다.

"이곳에는 새들을 다치게 하거나 위협하는 요소가 하나도 없으니까. 이곳은 새들에게 천국과 같은 곳이지."

다윈 아저씨가 말했다.

"아하, 그래서 굳이 날아서 도망을 가지 않는다는 거죠?"

내 말에 다윈 아저씨는 고개를 끄덕였다.

"두 녀석의 생김새에서 다른 점은 못 찾았니?"

아저씨는 우리에게 다시 물었다.

우리는 다시 몸을 낮추고, 눈을 반짝이며 두 마리의 새를 번갈아 보았다.

"부리가 달라요!"

상언이가 외쳤다.

그러고 보니 우리가 잡아 온 핀치는 부리가 두툼하고 짧았지만 다윈 아저씨가 잡아 온 핀치는 부리가 뾰족하고 날카로웠다.

"같은 종류의 새인데 왜 부리가 달라요?"

경환이가 몸을 일으키며 다윈 아저씨를 보았다.

"너희들이 숲에서 잡아 온 핀치는 열매와 잎을 주로 먹는단다. 그래서 부리가 과일을 깨물 수 있도록 두툼하지. 그런데 내가 바닷가에서 잡아 온 핀치는 바위 사이에 있는 곤충의 알을 먹거든. 그래서 바위 사이로 들이밀 수 있도록 부리가 뾰족하고 날카롭단다."

다윈 아저씨가 말했다.

"우아, 같은 종류의 새이지만 사는 곳과 먹는 것에 따라 부리의 생김새가 달라졌다는 거죠?"

상언이가 감탄하듯 아저씨의 말을 받았다.

"환경과 조건에 맞는 생김새를 가진 생물들이 먹고 살게 되었던 거지. 이런 현상을 진화에서는 '자연선택설'이라고 한단다."

아저씨가 싱긋 웃으며 우리를 보았다.

다윈 아저씨의 말에 우리는 떡 벌어진 입을 다물지 못했다. 낯

설고 어렵게 느껴졌던 진화가 조금은 쉽고 친숙하게 다가왔다.

"비글호에서 잠깐 얘기했던 흔적 기관도 진화의 증거야."

"진짜요?"

우리는 놀라 눈을 동그랗게 뜨고 되물었다.

"또 다른 진화의 증거 두 가지는 너희들 힘으로 찾아내길 바란다. 너희들이 만들어야 하는 과학 탐구 보고서이니까 말이야. 알겠지?"

다윈 아저씨가 바닥에서 종종거리고 있던 두 마리의 핀치를 하늘 높이 날려 주며 말했다.

막막했다. 하지만 우리 중 어느 누구도 못 하겠다고 대답하지 않았다. 아저씨의 말대로 우리 스스로 써내야 하는 보고서이기 때문이다.

"그런데요, 아저씨."

나는 어렵게 입을 열었다. 거북을 끌어안고 있던 다윈 아저씨가 나를 바라보았다.

"우린 언제까지 여기 있어야 해요?"

"맞아요. 엄마한테 말도 안 하고 왔단 말이에요."

"엄마가 낯선 사람을 함부로 따라가지 말랬는데……."

"언제까지라……."

다윈 아저씨가 몸을 일으켜 먼 하늘을 올려다보았다. 시커먼 구름이 몰려오고 있었다.

"곧 돌아갈 수 있겠구나."

아저씨의 말이 끝나기가 무섭게 시커먼 구름 사이로 번개가 번쩍 내리쳤다.

갈라파고스 제도에 갑작스럽게 어둠이 내려앉았다.

보라의 대활약

• 하는 일과 기능은 다르나 해부학적으로 같은 구조를 지니는 기관이 있다 •

다윈 아저씨를 쫓아 우리는 재빨리 배에 올랐다. 번개에 이어 천둥이 우르르 울리고, 비가 쏟아지기 시작했다.

비를 품은 바다는 성이 난 듯 매섭게 차올랐고, 잔잔한 바다 위를 달리던 비글호는 갑작스런 풍랑에 정신이 없는 듯 이리저리 비틀거렸다. 덩달아 우리도 갑판 위에서 데굴데굴 굴렀다. 정신이 쏙 빠지는 느낌이었다.

"얘들아, 눈을 감아!"

다윈 아저씨가 소리쳤다.

이어서 번쩍이며 번개가 치고 요란하게 천둥이 울렸다. 우리는 두 눈을 꼭 감은 채 서로를 얼싸안았다.

"제발 무사히 돌아가게 해 주세요."

경환이는 온몸을 덜덜 떨며 정체를 알 수 없는 누군가를 향해 정성껏 기도를 올렸다. 보라도 두 눈을 꼭 감은 채 정신없이 중얼거렸다. 상언이는 말없이 우리를 그러잡은 손에 힘을 주었다. 나는 상언이가 있어 마음이 놓였다.

다시 한 번 하늘이 번쩍였다. 그러더니 사방이 순식간에 고요해졌다. 우리는 영문을 알 수 없어 몸을 옴찔거렸다. 무서워서 어느 누구도 눈을 뜨지 못했다. 지금이 어떤 상황인지 파악할 수가 없었다.

"다윈 아저씨!"

아저씨를 불렀지만 아무 대답이 없었다.

"다윈 아저씨!"

우리는 다시 입을 맞춰 아저씨를 불렀다. 그래도 사방은 여전히 조용하기만 했다.

"우리 눈을 떠 볼까?"

상언이가 조심스럽게 물었다.

"좋아, 하나 둘 셋에 맞춰서 같이 뜨자. 알았지?"

나의 제안에 아이들은 모두 좋다고 했다. 나는 천천히 구령을

붙였다.

"하나, 둘, 셋!"

눈을 떠 보니 우리는 배 위에 있었다. 그런데 비글호는 우리가 처음 봤을 때처럼 낡고 작은 박물관 한복판에 세워져 있었다.

"이게 어떻게 된 거지?"

경환이가 자리에서 일어서며 주위를 두리번거렸다. 보라는 두 손으로 옷을 만졌다. 비바람에 파도까지 들이쳐 흠뻑 젖었어야 할 옷이 말짱했다.

"다시 돌아온 거야!"

상언이가 기쁨이 가득한 목소리로 외쳤다. 보라도 자리에서 일어나서 활짝 웃었다.

"난 그만 집으로 갈래."

경환이가 서둘러 배에서 내렸다. 평소 봐 오던 느림보 경환이가 아니었다.

"경환아, 너 엄청 빠르다."

경환이를 보며 상언이가 해죽 웃었다.

"계속 타고 있다가 또 갈라파고스 제도로 가면 어떡해? 으, 끔찍해! 너희들도 빨리 내려 와!"

경환이가 우리를 향해 손을 흔들었다. 우리는 한 발 한 발 조심히 계단을 밟고 배에서 내려왔다. 그리고 몸을 돌려 비글호를 보았다.

"다윈 아저씨는 어디로 간 거지?"

상언이가 혼잣말을 하듯 중얼거렸다. 나도 다윈 아저씨가 어디로 갔는지 궁금했다.

"우리 같이 다윈 아저씨를 찾아보자."

내가 말했다.

"그랬다가 또 이상한 데로 가게 되면 어쩌려고 그래?"

경환이가 얼굴을 찡그렸다.

"갈라파고스 제도에서 네가 제일 즐거워했거든?"

보라가 말했다.

"아까는 아까고! 지금 난 집으로 무지 돌아가고 싶어."

경환이가 풀 죽은 목소리로 말했다.

"모둠장, 다수결의 원칙에 따르자."

상언이가 말했다.

경환이만 빼고 모두 다윈 아저씨를 찾는 데 찬성이었다.

다윈 아저씨를 찾기 위해 우리는 박물관 이곳저곳을 살폈다. 할 수 없다는 듯 경환이도 느릿느릿 뒤따랐다.

"어, 저기 핀치가 있다!"

앞장서 걷던 상언이가 벽 쪽에 붙어 있는 전시실을 가리켰다.

아이들은 우르르 전시실 앞으로 다가갔다. 앞쪽에 '갈라파고스관'이라는 팻말이 붙어 있었다.

"쟤는 아까 본 바닷가에 사는 핀치야."

금세 기분이 좋아졌는지 경환이가 헤헤거렸다.

보라는 핀치를 뚫어져라 바라보았다. 전시관 안에 있는 핀치는 금방이라도 튀어나올 듯 갈라파고스 제도에서 보았던 것과 똑같았다.

"다윈 아저씨 말이야. 혹시 나쁜 사람이 아닐까?"

상언이가 말했다.

우리는 상언이가 무슨 말을 하는지 선뜻 이해할 수 없었다.

"갈라파고스에 사는 동물들은 세계적으로도 희귀한 거랬잖아. 그런데 이렇게 자기 박물관에 갖다 놓다니, 나쁜 사람 아니니?"

그러고 보니 갈라파고스 제도에서 보았던 커다란 거북도 전시되어 있었다. 나는 불쑥 화가 솟았다. 나도 모르게 날카로운 목소리로 말했다.

"빨리 아저씨를 찾자!"

"좋아, 아저씨를 찾아서 왜 동물들을 여기로 데리고 왔느냐고 따져 보자고!"

아이들은 주먹을 불끈 쥐었다.

그때 박물관 입구 쪽에서 두런거리는 소리가 들려왔다. 우리는 동시에 입구 쪽으로 고개를 돌렸다.

"자, 여기는 다윈 아저씨의 수상한 박물관입니다. 모두 이리로 오세요."

다윈 아저씨의 목소리가 쩌렁쩌렁 울렸다. 잠시 후 일곱 살 쯤 되어 보이는 아이들이 박물관 안으로 주르르 들어왔다. 유치원에서 체험 학습을 나온 모양이었다. 아이들 뒤에는 앞치마를 두른 선생님 두 명이 아이들을 살피며 따라왔다.

"다윈 아저씨!"

경환이가 다윈 아저씨에게 달려갔다.

다윈 아저씨는 힐끔 경환이를 보고는 둘째손가락을 입술에 갖다 댔다. 나는 얼른 경환이를 잡았다. 지금은 다윈 아저씨에게 따질 만한 상황이 아닌 것 같았다.

다윈 아저씨는 나와 아이들을 향해 눈을 찡긋하고는 재잘거리는 유치원 아이들에게 큰 목소리로 말했다.

"가운데에 커다란 배가 보이죠? 다윈이라는 과학자는 이 비글호를 타고 5년 동안 세계 곳곳을 돌아다니며 수많은 동물과 식물들을 연구했어요. 다윈이 채집한 여러 가지 동물과 식물들의 표본으로 모형을 만들어 전시하고 있는 박물관이 바로 이곳이에요. 이 박물관 이름이 뭐라고요?"

"수상한 박물관이오!"

조그마한 아이들이 한 목소리로 대답했다. 다윈 아저씨가 다시 물었다.

"수상한 박물관에는 뭐가 있다고요?"

이번에는 질문이 어려웠는지 아이들의 대답이 제각각으로 쏟아져 나왔다.

"다윈이 연구하면서 채집한 동물과 식물의 표본."

상언이는 다윈 아저씨의 말에 대답하듯 중얼거리고는 얼른 다른 전시실로 고개를 돌렸다.
　나도 상언이처럼 다른 전시실로 눈을 돌렸다. 다윈 아저씨가 나쁜 사람이 아닐까 의심했던 것이 조금 미안했다. 경환이가 작은 소리로 물었다.
　"그러니까 여기 있는 건 모두 모형이라는 거지?"
　나와 상언이는 동시에 고개를 끄덕였다.
　"후유."
　보라가 얕게 한숨을 뱉었다.
　"이제 다윈이 처음으로 도착했던 카나리아 제도로 가 볼게요. 모두 선생님을 따라 오세요."

다원 아저씨는 능숙하게 유치원 아이들을 이끌고 걸음을 옮겼다. 경환이도 유치원 아이들을 쫓아 발을 뗐다. 상언이가 얼른 경환이를 잡았다.

"너도 구경하려고?"

"궁금하지 않아? 너도 같이 가지 않을래?"

경환이가 해죽거리며 상언이를 보았다.

상언이는 내 의견을 알고 싶은지 나를 보았다.

내 마음은 반반이었다. 유치원 아이들처럼 다원 아저씨의 뒤를 졸졸 따라다녀 볼까, 아니면 우리끼리 새로운 진화의 증거를 찾아볼까. 갈팡질팡하고 있는 사이, 다원 아저씨와 유치원 아이들의 행렬은 사라져 버렸다.

"어떻게 할 거야?"

경환이는 아쉬운 듯 발을 동동 굴렀다. 보라의 생각을 물으려는데 보라가 보이지 않았다.

"보라가 어디 갔지?"

"어라? 방금 전까지 내 옆에 있었는데?"

그제야 상언이랑 경환이도 보라가 사라진 것을 알아차렸다. 주위를 휘휘 둘러보았지만 어디에서도 보라를 찾을 수 없었다.

"여기 귀신 동굴 아니야? 왜 툭하면 사람이 없어져?"

경환이가 괴로운 듯 두 손으로 얼굴을 구겼다.

"우선 보라부터 찾아보자."

상언이는 말을 마치고 부리나케 갈라파고스 제도 전시관 옆쪽의 작은 통로로 들어갔다.

"경환아, 우리는 반대쪽으로 가 보자."

나는 경환이의 팔을 잡아끌었다. 경환이는 울상을 한 채 터덜터덜 나를 쫓았다.

바깥에서 보던 것과는 달리 박물관은 꽤나 넓었다. 전시실을 따라 이리저리 헤매고 다녀도 보라는 보이지 않았다.

"혼자 집에 간 게 아닐까?"

느릿느릿 쫓아오던 경환이가 걸음을 멈추고 투덜거렸다.

"애들아, 이쪽으로 와 봐!"

상언이의 목소리가 쩌렁쩌렁 울렸다. 나와 경환이는 부리나케 상언이가 있는 쪽으로 달려갔다. 그곳에 보라가 있었다.

"야, 너 뭐야?"

경환이가 발을 탕탕 구르며 신경질을 냈다. 하지만 보라의 귀에는 아무 소리도 들리지 않는 듯했다.

"보라야, 너 왜 여기에서 이러고 있어?"

보라는 좁은 통로의 네모난 투명 유리 앞에서 꿈쩍도 하지 않았다. 마치 마법에라도 걸린 것 같았다. 이번에는 상언이가 보라의 팔을 툭 치며 말했다.

"너 뭘 그렇게 열심히 보고 있는 거야?"

상언이도 곧 보라가 넋을 잃고 내려다보고 있는 것을 바라보았다. 그것은 엇비슷하게 생긴 뼈다귀 세 점이었다.

"이 뼈다귀를 왜 그렇게 보고 있어?"

상언이가 걱정스러운 듯 보라의 팔을 흔들었다.

"진화의 또 다른 증거야!"

보라가 나직이 말했다.

"뭐라고?"

우리는 눈을 휘둥그레 뜬 채 뼈다귀를 살펴보았다.

"하는 일이나 기능은 다르지만 해부학적으로 비슷하게 보이는 것들, 이게 진화의 또 다른 증거야."

보라는 자신만만하게 이야기하고는 생글생글 웃었다.

"이게 다 누구의 뼈인데?"

뼈다귀를 올려다보며 상언이가 물었다.

"가장 왼쪽에 있는 건 고래의 지느러미고 가운데는 박쥐의 날개야. 그리고 오른쪽에 있는 건 사람의 팔이래."

보라가 말했다.

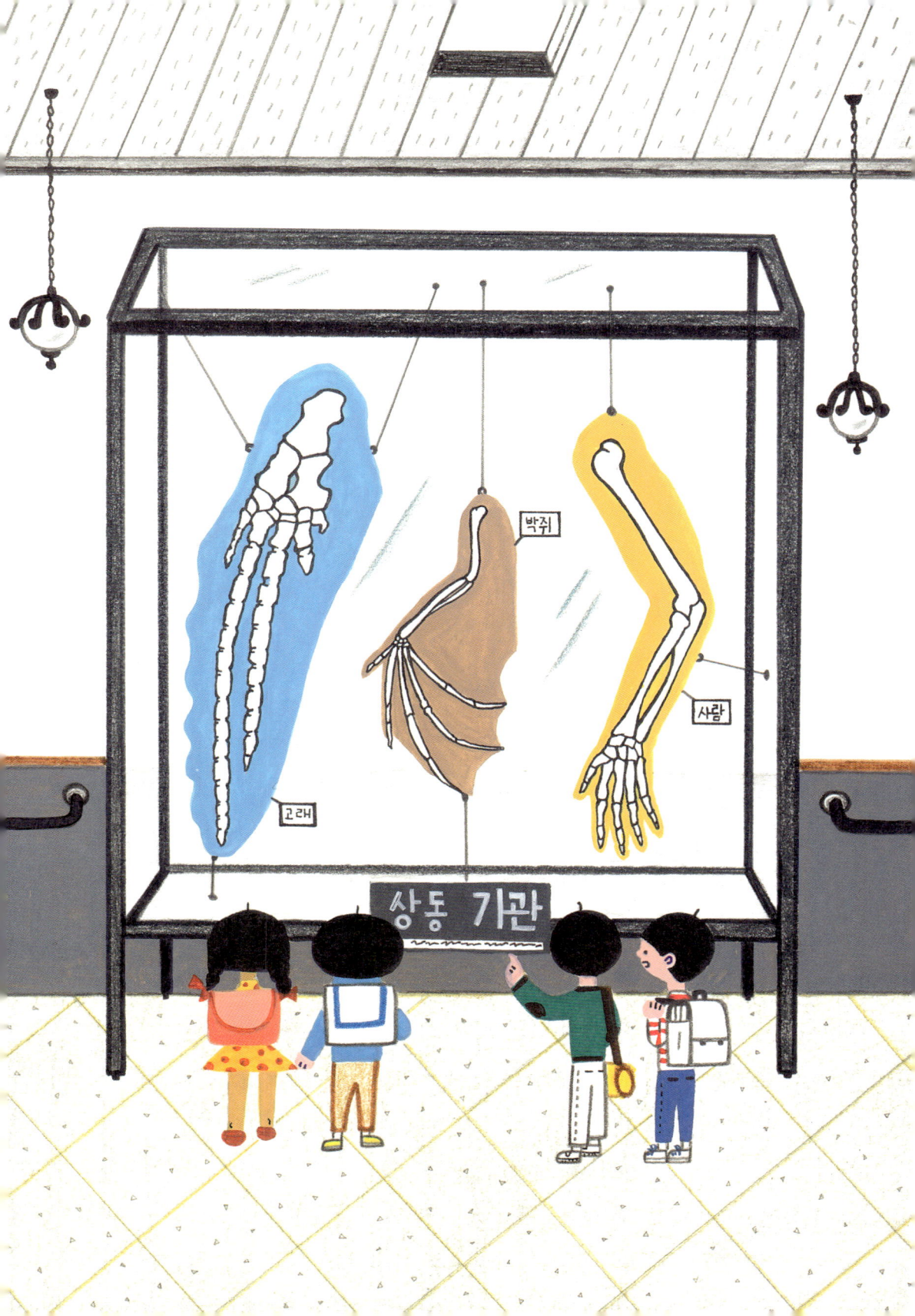

"에이, 서로 다 다른 종류들인데 어떻게 이게 진화의 증거야?"

경환이는 말도 안 된다는 듯 혀를 찼다.

보라가 한 걸음 옆으로 비켜났다. 보라에게 가려져 있던 안내 팻말이 눈에 들어왔다. 상언이와 나는 서둘러 팻말 앞으로 다가갔다.

"상동 기관?"

"하는 일 또는 기능은 다를 수 있지만, 동일한 조상으로부터 유래하여 해부학적으로 서로 관련이 있는 모양을 지니고 있는 기관?"

상언이와 나는 소리 내어 안내 팻말을 읽었다. 그런 뒤 다시 보라를 보았다.

"이게 진짜 진화의 증거가 될까?"

"잘 들어봐. 아까 갈라파고스 제도에서 본 핀치는 살아가는 환경에 따라서 몸의 생김새가 달라졌잖아."

보라는 서두르지 않고 천천히 말했다. 상언이와 나는 약속이나 한 것처럼 고개를 끄덕였다.

"그래서 살아가는 환경이 변하면 필요 없어진 기관도 생기지 않을까 생각했거든."

한 번도 자기 생각을 드러내지 않던 보라가 똑 부러지게 이야기하니까 조금 낯설었다. 그래도 보라의 말은 일리가 있었다.

"그래서 갈라파고스에서 만났던 동물들이랑 다른 동물을 찾아보려고 이쪽으로 왔는데……."

보라가 말을 멈추고 우리를 보았다.

우리도 뚫어져라 보라를 보았다. 갑자기 보라가 부끄러운지 고개를 푹 숙였다. 나는 보라에게 용기를 주고 싶었다.

"보라 말이 맞는 것 같아. 상동 기관도 진화의 증거가 분명해!"

보라가 얼굴을 붉히며 배시시 웃었다.

상언이가 상동 기관 전시관 앞으로 바짝 다가갔다. 그러고는 나란히 놓여 있는 뼈다귀를 꼼꼼히 살펴보았다.

"우리끼리 백 번 얘기해 봐야 뭐해? 이게 더 정확하다고."

경환이가 휴대 전화를 꺼냈다. 그러고는 인터넷 포털사이트에서 '상동 기관'을 검색했다.

상동 기관에 대한 정보가 화면에 가득 떴다. 찬찬히 휴대 전화를 들여다보던 경환이가 소리쳤다.

"맞아. 이것도 진화의 증거래."

"역시! 보라가 해냈어!"

"비슷한 걸로 '상사 기관'이라는 것도 있는데, 처음 생길 때는 달랐지만 오랫동안 같은 환경에 적응하느라 비슷해진 기관이래."

경환이가 휴대 전화를 보고 또박또박 읽었다.

"상사 기관엔 어떤 게 있는데?"

상언이가 물었다.

나는 서둘러 상사 기관이 전시되어 있는 곳으로 달려갔다.

"똑같은 날개지만 새의 날개는 앞다리가 변한 거고, 곤충의 날개는 껍질이 변한 거래."

나는 상사 기관 전시실 앞에 걸린 안내 팻말을 읽었다.

"그러니까 상동 기관도 상사 기관도 진화의 증거인 거네."

상언이가 배시시 웃었다.

나는 보라를 향해 오른손을 번쩍 들어 보였다. 그러자 보라가 달려와서 나와 손뼉을 맞췄다.

"이것들이 모두 상동 기관인 걸 보면, 사람의 팔이랑 고래의 지느러미랑 박쥐의 날개가 예전에는 같은 기능을 했다는 거겠지?"

세 개의 뼈다귀를 살피며 상언이가 말했다.

환경에 따라 생김새가 달라진다는 것도 신기했지만, 서로 다른 종에서 비슷한 일을 하던 뼈 조각이 발견된다는 것도 흥미로웠다.

"진화라는 게 알면 알수록 재미있네?"

상언이가 싱긋 웃으며 나를 보았다. 나도 보라와 경환이를 보며 미소를 지었다. 보라도 활짝 웃었다.

"이제 대충 진화에 대해 알았으니까 집에 가자."

경환이가 툴툴거렸다.

"아까 진화의 증거가 두 개 더 있다고 했지?"

상언이가 물었다. 나와 보라는 동시에 고개를 끄덕였다.

"지금 하나 찾았으니까 하나만 더 찾으면 완벽해!"

상언이는 즐거운 듯 목청을 높였다.

"야, 방금 두 개 찾았잖아. 그러니까 내일 다시 와서……."

경환이가 입을 불쑥 내밀었다.

"상동 기관이랑 상사 기관은 서로 연관되어 있는 거야. 그러니까 분명히 또 다른 증거가 있을 거야."

상언이가 경환이의 말을 툭 끊었다.

"오늘은 그만하자. 이제 피곤하다고."

경환이는 한 발짝도 움직이지 못하겠다고 했다.

"그럼 넌 빠져!"

상언이가 성난 목소리로 말했다.

"흥, 마음대로 해!"

경환이가 빽 소리치고는 휭하니 등을 돌려 버렸다.

우리 모둠은 다시 갈라파고스 제도에 다녀오기 전으로 돌아간 것 같았다. 나는 이대로 5모둠을 흩어지게 할 수 없었다.

"이러지 말고 차근차근 얘기해 보자."

나는 상언이와 경환이 사이에 우뚝 섰다. 보라도 걱정스러운 표정으로 상언이와 경환이를 번갈아 보았다. 하지만 상언이와 경환이는 여전히 등을 돌린 채 씩씩거렸다.

"왜들 이러고 있지?"

때마침 다윈 아저씨가 나타났다. 재잘거리던 유치원 아이들은 돌아간 모양이었다.

다윈 아저씨는 눈동자를 양쪽으로 번갈아 굴리며 상언이와 경환이를 보았다. 그러고는 손뼉을 딱 치며 목소리를 높였다.

"너희들이 나를 좀 도와줘야겠다!"

다윈 아저씨는 따라오라고 손짓하며 걸음을 옮겼다. 자석에 끌린 것처럼 상언이와 경환이는 다윈 아저씨의 뒤를 쫓았다. 나와 보라도 마찬가지였다.

다윈 아저씨를 구하라
• 화석은 진화의 증거다 •

다윈 아저씨는 계단을 밟고 이 층으로 올라갔다. 이층 복도 한가운데에는 통유리로 된 둥근 방이 있었는데, 방 안쪽에 둥글면서 길쭉한 회의 탁자가 놓여 있었다. 그리고 통유리와는 어울리지 않는 시커먼 문의 위쪽에는 둥근 시계가 걸려 있었다. 다윈 아저씨는 우리를 문 앞에 나란히 세웠다.

"손잡이에 한쪽 손을 올려놓으렴."

우리는 얼떨떨한 얼굴로 한쪽 손을 시커먼 문의 손잡이에 갖다 댔다. 그 순간에 전기가 오듯 찌르르한 느낌이 손가락을 타고 온몸으로 퍼졌다.

"으악!"

우리는 손잡이에서 손을 떼고 싶었다. 하지만 손은 떨어지지 않았다.

"아저씨, 이게 어떻게 된 일이에요?"

경환이가 소리쳤다. 아저씨는 사뭇 진지한 얼굴로 문 위에 걸려 있는 시계를 바라보았다.

"아저씨, 나 집에 갈래요!"

경환이가 온몸을 비틀며 고함을 질러 댔다. 그때 다윈 아저씨가 외쳤다.

"걱정하지 말고 두 눈을 감아!"

우리는 모두 두 눈을 꼭 감았다. 몸이 붕 떠오르는 느낌이 들었다.

"으…… 살려 주세요!"

경환이는 몸을 덜덜 떨었다. 보라도 마찬가지였다. 할 수만 있다면 나는 손을 내밀어 보라와 경환이를 잡아 주고 싶었다. 하지만 내 손도 손잡이에 붙어 자유롭지 못했다.

"어, 언제까지……"

경환이가 입을 여는 순간, 시커먼 문의 손잡이에 붙어 있던 손이 거짓말처럼 뚝 떨어졌다.

우리는 화들짝 놀라 두 눈을 번쩍 떴다. 우리 옆에는 다원 아저씨가 있었다. 그나마 마음이 놓였다.

"여기가 어디에요?"

다원 아저씨에게 물었다. 신기하게도 시커먼 문은 하얀 페인트가 칠해진 나무 문으로 바뀌어져 있었다.

"나와 함께 들어가 보겠니?"

다원 아저씨가 나무 문을 열었다. 통유리 방의 가운데에 놓여 있던 길고 둥근 회의용 탁자에는 허연 수염을 길게 늘어뜨린 할아버지들이 둘러 앉아 있었다.

"아저씨, 여기가……."

다원 아저씨에게 다시 물으려는데, 가장 나이가 많아 보이고 매서운 눈을 가진 한 할아버지가 다원 아저씨에게 소리쳤다.

"거기 앉으시오!"

아마도 회의를 주관하는 대장 할아버지인 듯했다. 다원 아저씨는 바짝 긴장한 자세로 비어 있는 자리로 가서 앉았다.

"우리는 어디 앉아요?"

나는 목소리를 한껏 낮춰 물었다. 크고 넓은 회의실이었지만 우리가 앉을 자리는 없어 보였다. 우리는 서서 멀뚱멀뚱 다원 아저씨를 보았다.

"잠깐 그쪽에서 기다리렴."

다윈 아저씨는 우리를 돌아보지도 않고 나지막하게 말했다. 우리는 문 앞에 웅크리고 앉았다.

"그대는 지구의 나이가 몇 살이나 되었을 거라고 생각하시오?"

대장 할아버지가 근엄한 투로 물었다. 다윈 아저씨는 주위를 휘둘러보고는 조심스럽게 입을 열었다.

"제가 비글호를 타고 남아메리카를 탐험한 결과, 지구는 태어난 지 족히 만 년은 넘었습니다."

"뭐라고?"

할아버지 몇 명이 화를 버럭 내며 탁자를 내리쳤다. 우리는 깜짝 놀라 두 손으로 귀를 틀어막았다. 대장 할아버지가 앞에 있는

나무망치를 탁자 위에 탕탕 내리쳤다. 여기저기에서 화를 내던 할아버지들이 조용해졌다.

"그대는 성경을 믿지 않소?"

대장 할아버지가 화를 억누르는 듯 낮고 묵직한 목소리로 다윈 아저씨에게 물었다. 다윈 아저씨가 허리를 곧추 펴고는 대답했다.

"저는 어릴 적부터 성경의 말씀을 외고 살았습니다. 대학에 다닐 때는 신학을 공부하기도 했지요."

"그런데 어째서 성경에 있는 말을 믿지 않는 거요?"

다른 할아버지가 소리를 질렀다. 또다시 탕탕 나무망치 소리가 울렸다. 잔뜩 화가 치민 한 할아버지가 대장 할아버지에게 외쳤다.

"다윈의 말을 더 이상 들어줄 수 없습니다. 분명히 성경에 하나님이 6000년 전에 지구를 만드셨다고 적혀 있는데, 다윈 저 친구가 감히! 당장 처형에 처해야 합니다!"

그 할아버지는 다윈 아저씨를 보며 부들부들 몸을 떨었다. 옆에 있던 할아버지들도 다윈 아저씨를 향해 날카로운 비난을 쏟아냈다. 하지만 우리는 할아버지들의 반응을 이해할 수 없었다.

"지구의 나이가 어떻게 6000살밖에 안 되냐?"

상언이가 목청을 높였다.

"그러게. 정말 이상한 말씀들을 하시네."

경환이도 피식 헛웃음을 지으며 상언이의 말에 맞장구를 쳤다.

회의장의 분위기는 뭔가 이상했다. 할아버지들이 성난 얼굴로 우리를 보고 있었다. 나는 얼른 몸을 낮추고 상언이와 경환이에게 눈짓을 보냈다. 하지만 상언이와 경환이는 내 눈짓을 알아채지 못했다.

"과학책에서 얼핏 봤는데, 지구는 수십억 년 전에 태어났다고 했거든!"

상언이가 수군거리자 다윈 아저씨 옆에 앉은 할아버지가 자리에서 벌떡 일어섰다. 그러고는 온몸을 부들부들 떨며 소리쳤다.

"이 녀석들이 지금 뭐라고 떠드는 거야? 너희들, 어디에서 왔어?"

다른 할아버지들도 하나둘 일어나 우리를 보았다. 그제야 상언이와 경환이는 입을 꾹 다물었다.

"우리가 보여요?"

보라가 할아버지들을 빤히 올려다보며 조심스럽게 물었다.

"처음 들어왔을 때는 본 척도 안하더니……."

경환이가 종알거렸다.

다윈 아저씨가 의자를 밀고 자리에서 일어났다.

"제가 데리고 온 친구들입니다. 먼 미래에서 왔고요."

"허, 이게 무슨, 말도 안 되는 소리인가?"

기가 막힌다는 듯이 할아버지들은 뒷머리를 잡고 저마다 끙끙 소리를 냈다.

"미래에서 온 친구들은 모두 자리에서 일어나시오."

대장 할아버지가 말했다.

우리는 쭈뼛거리며 자리에서 일어났다. 회의장이 더 무시무시하게 느껴졌다.

"정말로 미래의 과학책에 지구가 수십억 년 전에 태어났다고 적혀 있소?"

대장 할아버지가 물었다. 성난 목소리는 아니었다.

"예. 제가 똑똑히 봤어요."

상언이가 고개를 들고 또박또박 말했다.

곳곳에서 한숨이 터져 나왔다. 대장 할아버지가 나무망치를 쾅쾅 두드렸다. 할아버지들은 입을 꾹 다문 채 불만이 가득한 얼굴로 우리를 쏘아보았다.

"그걸 우리에게 증명해 보일 수 있소?"

"지금 과학책을 갖고 오라고요?"

상언이는 눈을 동그랗게 뜨고 다윈 아저씨를 보았다. 다윈 아저

씨는 천천히 고개를 저었다.

"저기, 그게…… 안 된다는데요."

상언이의 목소리가 차츰 작아졌다.

"거짓말입니다. 그러니까 못 가지고 오지요!"

방금 전 큰 소리를 냈던 할아버지가 또 성난 목소리로 말했다.

"좋은 방법이 없을까?"

상언이가 고개를 푹 숙인 채 나지막이 물었다. 우리는 잠시 머리를 쥐어짰지만 해결책이 떠오르지 않았다.

"한 가지 증명할 방법이 있습니다."

다윈 아저씨가 회의장의 할아버지들에게 외쳤다. 우리도 놀란 얼굴로 다윈 아저씨를 보았다.

"그렇다면 증명해 보시오."

대장 할아버지는 차분하게 말했다.

"잠시만 기다려 주십시오."

다윈 아저씨는 우리가 있는 쪽으로 몸을 돌렸다.

"이제 너희들이 나를 도와줄 차례야. 조수 노릇을 할 수 있지?"

다윈 아저씨가 나를 보며 눈을 찡긋거렸다.

"뭘 어떻게 도와 드리면 돼요?"

나는 얼른 아저씨에게 다가갔다.

다윈 아저씨가 목소리를 낮췄다.

"박물관에 가면 화석이 있을 거야. 미래의 물건을 이곳으로 가지고 오는 건 불가능해. 하지만 화석은 미래의 물건이 아니니까 가져올 수 있을 거야."

"화석만 갖고 오면, 저 할아버지들한테 지구의 나이가 만 년이 넘었다는 걸 이해시킬 수 있어요?"

내가 차분하게 물었다.

다윈 아저씨는 고개를 끄덕였다. 그러고는 입을 열었다.

"사실은 약간의 문제가 있어."

"얼른 증명해 보시오!"

대장 할아버지가 채근했다. 우리는 불안한 마음을 애써 누르고 다윈 아저씨를 보았다.

"이곳에서 나가는 건 문제가 없는데……. 다시 너희들이 이곳으로 돌아올 수 있을지 잘 모르겠구나."

"꼭 돌아올게요. 그래야 아저씨를 도울 수 있잖아요."

다짐하듯 나는 뚫어져라 아저씨를 바라보았다. 아이들도 비장한 표정으로 고개를 끄덕였다.

"그럼 부탁하마."

다윈 아저씨는 여전히 자신 없는 얼굴이었다. 다윈 아저씨를 뺀히 쳐다보다가 상언이가 말했다.

"난 여기에서 기다릴게. 너희들끼리 화석을 찾아 와."

"그게 무슨 소리야?"

나는 눈이 휘둥그레져 상언이를 보았다.

"아저씨만 두고 갈 수 없어서……."

상언이의 목소리가 파르르 떨리는 듯했다. 다윈 아저씨가 손을 저었다.

"괜히 모험을 할 필요는 없어. 너희들이 돌아오지 못해도 난 괜찮으니 같이 나가거라."

나는 자리에서 일어나 상언이의 손을 잡았다.

"꼭 돌아올게. 잠깐만 기다려."

상언이도 내 손을 꼭 잡고는 고개를 끄덕였다.

상언이와 다원 아저씨를 회의장에 남겨 둔 채 우리는 나무 문의 손잡이를 잡았다. 그 순간 빛이 번쩍이며 사방이 어두워졌다. 우리는 지그시 눈을 감았다. 또다시 몸이 붕 떠오르는 느낌이 들었다.

잠시 후 눈을 뜨니 다행히 우리는 박물관 이층 복도에 있었다.

"빨리 화석이 있는 전시관으로 가자!"

내가 큰 소리로 말했다.

우리는 재빨리 일층 전시실로 내려왔다. 보라가 앞장서 뛰어가더니 상동 기관이 있던 전시실의 맞은편에서 화석을 찾아냈다.

"그런데 이걸로 어떻게 지구의 나이를 증명하지?"

경환이가 고개를 갸웃거렸다.

보라가 화석 앞에 있는 안내 팻말을 읽었다.

"화석은 지질 시대에 살았던 고생물의 유해나 활동 흔적이 퇴적물 등에 남아 있는 것으로, 연대별 화석을 연구하면 하나의 생물이 어떻게 진화했는지를 알 수 있다!"

"어, 그럼 화석도 진화의 증거인 거야?"

나는 전시실에서 조심스럽게 화석을 끄집어내며 말했다. 보라는 활짝 웃으며 고개를 끄덕였다.

"화석이 왜? 어떻게 진화의 증거야?"

경환이가 물었다.

"방금 보라가 그랬잖아. 연대별 화석을 연구하면 생물이 어떻게 진화했는지 알 수 있다고!"

화석을 끌어안고 내가 말했다.

"다윈 아저씨는 화석이 지구 나이를 보여 주는 증거랬잖아!"

경환이가 다시 외쳤다.

"음, 그건……."

상언이나 다윈 아저씨가 있었다면 확실하게 대답해 줄 수 있었을 것이다.

"일단 회의실에 가지고 가서 물어보자."

보라의 말에 나랑 경환이가 고개를 끄덕였다.

"그런데 회의실에 어떻게 들어가지?"

계단을 오르며 경환이가 물었다.

다윈 아저씨의 말처럼 돌아가는 일이 문제였다. 하지만 상언이가 안에 있으니 반드시 들어가야만 했다. 우리는 다시 통유리 방의 시커먼 문 앞에 섰다.

"아까 다윈 아저씨가 했던 것처럼 해 보자."

나는 가로로 놓여 있는 손잡이에 한쪽 손을 올렸다.

통유리 안쪽을 바라보던 보라가 고개를 갸우뚱거렸다.

"그런데 왜 안에 상언이만 있지?"

나와 경환이는 통유리 방 안쪽을 보았다. 회의실에는 상언이만 있었다. 하지만 보이지 않는 누군가와 이야기를 나누는 것처럼 보였다.

"다윈 아저씨는 왜 안 보이지?"

경환이의 목소리가 덜덜 떨렸다.

"빨리 상언이를 데려오자! 다들 손잡이에 손을 대!"

내 말에 경환이와 보라가 서둘러 손잡이에 손을 얹었다.

"그 다음엔 어떻게 해야 해?"

경환이가 나를 바라보았다.

"아까 아저씨는 저 시계를 쳐다봤는데……."

머릿속이 하얘진 느낌이었다.

"과거랑 현재를 이어 주는 순간이 있을 거야……."

다윈 아저씨도 회의장으로 들어가는 정확한 방법을 알지 못하는 듯했다. 통유리 안에서 상언이가 고개를 휘휘 저었다. 그러고는 발을 쿵쿵 구르고 가슴을 쾅쾅 두드렸다. 몹시 답답한 상황이 계속되고 있는 듯했다. 그때 통유리 안쪽의 상언이를 유심히 살펴보던 보라가 말했다.

"저기 상언이 뒷주머니에 있는 거, 휴대 전화 맞지?"

나와 경환이는 동시에 상언이를 보았다. 뒷주머니에 불룩하게 들어 있는 것은 분명히 휴대 전화였다.

"미래의 물건은 가져갈 수 없다고 했는데!"

경환이는 금방이라도 눈물을 쏟을 것 같은 목소리로 말했다.

"내가 상언이한테 전화를 걸어 볼게."

나는 들고 있던 화석을 경환이에게 넘기고, 휴대 전화를 꺼내 들었다. 통화 연결음이 들렸지만 상언이의 휴대 전화는 전혀 움직이지 않았다.

"아무래도 안 되나 봐."

포기를 하려는 찰나, 유리 너머 상언이가 뒷주머니에서 휴대 전화를 빼들었다. 순간 빛이 번쩍이며 사방은 깜깜해졌다.

최고의 모둠
• 진화란 개체군의 변화를 뜻한다 •

화석을 끌어안은 나와 보라, 경환이는 회의실에 들어와 있었다. 다원 아저씨와 상언이가 환한 얼굴로 우리를 맞이했다. 우리도 두 사람을 바라보며 벙긋 웃었다.

"그게 증거라는 것이오?"

대장 할아버지의 목소리가 크게 울렸다. 조금 전 시커먼 문 밖에서는 보이지 않던 할아버지들이 두 눈을 부릅뜨고 우리를 지켜보았다.

다원 아저씨가 나를 향해 두 손을 내밀었다. 나는 갖고 있던 화석을 다원 아저씨에게 넘겼다. 다원 아저씨가 화석을 회의 탁자

한가운데에 놓았다.

"이것은 화석이라 불리는 것으로 약 35억 년 전부터 1만 년 전 사이에 지구상에 살았던 생물들이 죽어서 남긴 흔적입니다."

다윈 아저씨가 큰 목소리로 말했다.

할아버지들은 두 눈을 크게 뜨고 이리저리 화석을 살폈다. 그러고는 자기들끼리 수군거리기 시작했다. 대장 할아버지도 양쪽 옆에 앉은 할아버지들과 무엇인가를 상의했다.

"35억 년 전부터 1만 년 전 사이에 지구상에 살았다는 생물은 무엇이오?"

대장 할아버지가 물었다.

"이 화석에 남겨진 것은 삼엽충으로 무척추동물에 속하는 절지동물입니다."

할아버지들은 믿을 수 없는 듯 고개를 저었다. 계속해서 화를 냈던 할아버지가 물었다.

"그렇게 오래 전에 살던 생물의 흔적이 어떻게 지금까지 남아 있을 수 있소?"

"물론 대부분의 생물들은 다른 동물에 먹히거나 박테리아에 의해 분해되어 없어집니다. 때로는 파도에 의해 파괴되기도 하지요. 하지만 퇴적 작용이 활발하게 일어나는 곳에서 퇴적물과 함께 묻

히면 이렇게 말끔하게 보존될 수 있습니다."

다윈 아저씨의 말은 조목조목 옳았다.

할아버지들은 천천히 고개를 끄덕이며 서로의 눈치를 살폈다. 대장 할아버지가 우리에게 물었다.

"너희들이 먼 미래의 책에서 보았다는 내용도 이러하냐?"

우리는 고개를 끄덕였다.

대장 할아버지는 깊은 한숨을 내쉬며 할아버지들을 가까이로 불러 모았다. 할아버지들의 대화는 상당히 길어졌다.

"후유, 언제까지 여기 있어야 하는 거야?"

지겨운 듯 경환이가 몸을 비비 꼬았다.

"지금 몇 시쯤 되었을까요?"

내 물음에 다윈 아저씨는 싱긋 웃으며 말했다.

"이곳에서 보내는 시간은 너희들의 세상에서 보내는 시간의 1초도 되지 않는단다."

"진짜요?"

우리는 한 목소리로 말했다.

"어쩐지 배가 안 고프더라."

경환이가 해죽거렸다.

상언이랑 보라의 얼굴도 편안해졌다.

"지구상에 살았던 생물의 흔적이 퇴적암에 남아 있기 때문에 화석을 보면 지구의 나이를 알 수 있다는 말은 이해가 되는데, 왜 화석이 진화의 증거가 되는 거예요?"

나는 다윈 아저씨에게 물었다.

"화석이 진화의 증거라고?"

상언이가 눈을 반짝이며 나를 보았다.

옆에서 경환이와 보라가 고개를 끄덕였다. 상언이의 얼굴에 화색이 돌았다.

"우아, 그럼 진화의 세 가지 증거를 다 찾은 거잖아!"

"와, 그러네! 그럼 우리 이제 집에 가도 되겠다!"

경환이가 춤을 추듯 몸을 흔들었다. 신이 난 경환이를 보며 상언이가 웃음을 터뜨렸다. 보라도 상언이를 보며 꽃처럼 웃었다. 상언이의 얼굴이 벌게졌다.

다윈 아저씨가 우리를 흐뭇하게 둘러보다가 입을 열었다.

"아까 말했듯이 화석을 보면 각 시대별로 어떤 동물들이 어디에서 어떻게 살았는지를 알 수 있어. 그러니까 같은 공간에서 살던 생물들이 어떤 변화를 거치면서 살아남았는지 알 수 있지."

우리는 활짝 웃으며 고개를 끄덕였다. 내 가슴속에 남아 있던 답답증이 모두 사라졌다.

"그럼 이제 집에 가서 보고서를 만들자."

경환이가 말했다.

"한 가지만 더요!"

갑자기 상언이가 손을 번쩍 들었다. 다윈 아저씨와 아이들의 눈길이 상언이에게 향했다.

"결국 진화라는 건, 시간의 흐름에 따라 자연환경이 변화하면서 그곳에서 살아남은 생물들이 변화하는 것이죠?"

상언이는 차분하게 진화의 의미를 정리했다. 다윈 아저씨가 고개를 끄덕이고는 다시 말했다.

"단, 하나의 개체가 달라지는 것은 진화가 아니란다. 그런 건 돌연변이라고 하지. **진화는 하나의 종을 이루는 개체 전체가 함께 변하는 것이야.**"

"개체 전체가 함께 변하는 거요?"

나는 또박또박 되물으며 진화의 의미를 되새겼다. 다윈 아저씨가 빙긋 웃으며 우리를 바라보았다.

"마치 너희들처럼 함께 변하는 것이지!"

"우리들처럼요?"

경환이가 두 눈을 슴벅이며 나를 보았다. 상언이랑 보라도 비슷한 표정으로 서로를 보았다.

"그러고 보니 우리가 좀 달라진 것 같기도 하다."

상언이가 말했다.

"너희들 앞에서 말하는 게 항상 부끄러웠는데 이제 조금 괜찮아졌어."

보라가 수줍은 듯 입을 열었다.

"왜 우리들 앞에서 말하는 게 부끄러웠어?"

경환이가 이상하다는 듯 고개를 갸우뚱거렸다.

"음, 난 한국말도 서툴고……."

"한국말 잘하는걸, 뭐."

나는 보라의 어깨를 다독였다.

"그리고 엄마가 다른 나라 사람이니까……."

"아빠는 우리나라 사람이잖아!"

경환이가 보라를 보며 해죽해죽 웃었다.

"나 때문에 그런 생각을 한 거지? 미안해."

상언이가 쭈뼛거리다가 보라에게 손을 내밀었다.

"꼭 너 때문은 아닌데……."

"아니야. 나 때문일 거야. 내가 너랑 같은 모둠 됐다고 싫어했잖아. 그런데 진화에 대해 공부하면서 알게 됐어. 우린 모두 같은 종에서 나왔다는 걸 말이야. 너에게 진심으로 사과하고 싶어."

보라는 상언이의 손을 잡을지 말지 망설였다. 경환이가 빨리 사과를 받아 주라고 장난스럽게 독촉했다. 보라는 양 볼을 붉힌 채 상언이의 손을 잡았다.

"상언아, 너 우리한테도 조금 미안하지 않아?"

나는 사뭇 진지하게 말했다. 상언이는 무슨 말이냐는 듯 고개를 기울였다.

"모둠 발표 끝나고 말이야. 다른 모둠은 다 자기들끼리 모여 얘기하는데, 너는 아무 말도 없이 쏙 가 버렸잖아."

"맞아. 우리가 얼마나 널 찾았는지 아냐?"

경환이도 입을 삐죽거렸다. 상언이는 머쓱한 듯 뒷머리를 긁으며 우리를 보았다.

"미안, 미안. 내가 진짜 잘못했어."

상언이는 어쩔 줄 몰라 했다.

"왜 그렇게 말도 없이 가 버린 거야?"

내가 다시 물었다.

"그냥……. 왠지 혼자 해도 잘할 수 있을 것 같았어. 뭐든 혼자 하는 게 익숙해서……. 그런데 이렇게 같이 하는 게 즐거운 일이라는 걸 이제 알게 됐어. 그동안 내 생각이 짧았어."

상언이가 진심으로 우리에게 사과를 했다. 우리는 해맑게 웃으며 괜찮다고 했다.

"나는 우리 모둠이 최악이라고 생각했어. 우리가 너무 제각각이라서 아무것도 해내지 못할 거라고 판단했거든."

나도 아이들에게 사과했다.

"나도 비슷한 생각을 했는걸."

경환이가 말했다. 보라는 고개를 끄덕이는 것으로 대답을 대신했다. 다윈 아저씨가 우리의 어깨를 잡으며 얼굴을 드밀었다.

"최악의 모둠에서 최고의 모둠으로 진화! 이게 너희 모둠이 얻은 큰 성과라고 할 수 있지!"

다윈 아저씨의 말은 가슴이 뻥 뚫릴 만큼 상쾌했다. 우리들의 얼굴에 햇살처럼 환한 미소가 걸렸다.

그때 나무망치 소리가 쾅쾅 울렸다. 할아버지들도 긴 이야기를 끝낸 모양이었다. 다윈 아저씨와 우리는 자세를 고쳐 잡고 할아버지들을 보았다.

"본 회의는 다윈이 성경의 말씀에 위배된 이야기를 진실인 양 설파하고 있음을 경계하고자 열렸소. 허나 다윈이 제시한 화석을 살펴본 바 성경에 나타난 지구의 나이에 오류가 있을 수도 있음을 인정하오. 그러므로 다윈은 앞으로 인류의 기원과 종의 발달에 대해 적극적인 자세로 연구에 임하기를 바라오. 이상."

탕 탕 탕!

기다렸다는 듯 까만 옷을 차려입은 할아버지들이 일제히 자리에서 일어났다. 그러고는 다윈 아저씨와 우리를 지그시 바라보며 한 명씩 회의장을 빠져 나갔다. 어느 누구도 다윈 아저씨와 우리에게 말을 붙이지 않았다. 대장 할아버지도 마찬가지였다.

"아저씨, 이제 우리도 돌아가요!"

경환이가 다윈 아저씨를 잡았다. 다윈 아저씨는 텅 빈 회의장을 물끄러미 바라보다가 우리에게 말했다.

"너희들 먼저 돌아가라."

"아저씨는요?"

"아까 대장 할아버지가 말씀하셨잖아. 인류의 기원과 종의 발달에 대해 적극적으로 연구하라고. 그러니까 나는 남아서……."

"벌써 다 하신 거 아니에요?"

나는 눈을 동그랗게 뜨고 물었다.

"먼 미래의 너희들이 볼 때는 아마도 다 한 것일 수도 있지. 하지만 과거의 이 공간에서는 제대로 진행된 것이 없어. 이제 겨우 종교계의 인정을 받았을 뿐이지."

다윈 아저씨가 싱긋 웃었다.

"그럼 앞으로 뭘 하실 건데요?"

이번에는 상언이가 물었다.

"일단 비글호를 타고 5년 동안 전 세계를 돌면서 채집한 생물들의 표본을 정리할 거야. 그런 뒤 논문을 써야겠지. 생각해 보니 해야 할 일이 엄청 많네!"

다윈 아저씨는 5년 동안 채집한 표본만 1만 5000종이 넘는다고 말했다. 대충 생각해 보아도 어마어마한 자료였다.

"그럼 우리만 가는 거야?"

경환이가 나를 보았다. 상언이도 보라도 나에게 눈길을 돌렸다.

"왜 나를 봐?"

나는 슬그머니 뒷걸음을 쳤다.

"네가 모둠장이잖아."

보라가 말했다.

"그럼 여기에서 할 일을 얼른 마치고, 수상한 박물관으로 돌아오세요. 기다리고 있을게요, 아저씨."

나는 다윈 아저씨와 눈을 맞추며 말했다.

"그래. 내가 없는 동안 내 조수인 네가 친구들이랑 수상한 박물관을 잘 지켜다오. 지구와 생명의 진화에 대해 더 고민하고 공부하면서 말이야. 약속할 수 있지?"

다윈 아저씨가 나를 보며 눈을 찡긋했다.

"저도 다윈 아저씨 조수 할래요!"

"저도요!"

경환이와 상언이가 말했다. 옆에 있던 보라는 가만히 손을 들어올렸다.

"오, 보라도 나의 조수가 되겠니?"

다윈 아저씨가 물었다.

보라는 얼굴을 붉히며 고개를 끄덕였다. 아이들 모두 손뼉을 치며 환호했다.

"자, 이제 빨리 돌아가라. 가서 얼른 보고서를 써야지!"

다윈 아저씨는 우리에게 손을 내밀었다. 우리는 다윈 아저씨와 손을 꼭 잡고 작별 인사를 나눴다. 나무 문의 손잡이를 잡자, 또다시 빛이 번쩍였다. 하지만 더 이상 우리는 놀라지 않았다.

"심심하면 놀러 올게요!"

경환이가 두 눈을 감은 채 소리쳤다.

사방에 어둠이 덮치자 우리는 서로의 손을 꼭 잡았다. 몸이 가

볍게 붕 떠올랐다가 금세 내려앉았다.

"돌아왔다!"

상언이의 목소리에 우리는 눈을 떴다.

시커먼 문이 우리 앞을 가로막고 있었다. 우리는 부리나케 자리에서 일어나 통유리 방 안쪽을 바라보았다. 회의장에는 길고 둥근 탁자만 덩그러니 놓여 있었다.

"왜 아저씨는 안 보이지?"

보라가 울먹이는 목소리로 말했다.

"아저씨는 과거에 있으니까 보이지 않는 거야."

"그래서 아까도 상언이만 보였잖아."

나와 경환이가 차례로 보라의 말에 대꾸했다.

"우리 여기에서 보고서 만드는 게 어때?"

분위기를 바꾸려는 듯 상언이가 목청을 높였다.

"여기에서?"

경환이가 고개를 갸웃거렸다.

"다원 아저씨가 수상한 박물관을 우리한테 부탁했잖아. 그러니까 우리가 이곳을 지켜야지."

상언이의 목소리에 힘이 넘쳤다.

"좋아!"

경환이만 멀뚱멀뚱 우리를 쳐다보았다.

"너는 빠질 거야?"

내가 물었다.

"여기까지 치킨 배달이 올까?"

경환이의 얼굴에 걱정이 가득했다.

"박물관은 음식물 반입 금지야! 그냥 나가서 뭐 좀 먹고 다시 올까?"

상언이가 경환이의 팔짱을 끼며 말했다. 우리는 발을 맞춰 수상한 박물관의 계단을 밟았다. 수상한 박물관은 곧 우리들의 아지트가 될 것이다.

진화론을 연구한
다윈은 어떤 사람일까?

생물학 박사 장수철

찰스 다윈, 영원한 생물 애호가

여름방학이 시작되면 여러분은 기분이 어떤가요? 포충망을 들고 곤충 잡을 생각에, 시냇가에서 물고기 잡을 생각에 기쁘지 않은가요? 포충망과 곤충집을 준비해서 친구들과 들과 산으로 나가 어울리기만 해도 무척 즐거울 거예요. 잠자리나 메뚜기를 잡는 데 성공한다면 그 이상 더 바랄 것이 없을지도 모릅니다. 항상 이렇게 즐겁게 지내면 얼마나 좋을까요? 여러분은 이미 그러기가 쉽지 않다는 것을 잘 알고 있습니다. 그런데 거의 평생을 이렇게 즐겁게 지낸 사람이 있어요. 찰스 다윈이 바로 그 사람이에요. 물론 생물들이 주변에 있을 때에 그랬지만요.

다윈은 부유한 의사를 아버지로 둔 덕택에 어린 시절을 커다란 어려움이 없이 보냈어요. 자식을 둔 모든 부모님들이 그렇듯 다윈의 아버지도 아들을 훌륭한 사람으로 키우기를 원했습니다. 다윈이 자신을 따라 의사가 되거나 당시 일반인들이 우러러 보는 성직자가 되기를 원했습니다. 그런데 부모님 눈에 다윈은 뭔가 부족한 아들이었습니다. 학교 성적이 뛰어나지 않았던 것은 물론 장래 희망도 영 시원치 않은 것 같았습니다. 거의 매일 집 밖에서 흙투성이가 되도록 저녁까지 놀고 집으로 들어오기 일쑤였습니다. 그러는 중에 가끔 다윈의 눈이 빛

나곤 했는데 그때는 생물과 놀고 있을 때였습니다.

하루는 다윈이 매일 보던 딱정벌레와는 다른 새로운 종류의 딱정벌레를 보고 얼른 한 손으로 잡았습니다. 흥에 겨운 다윈이 길을 걷다 또 다른 새로운 종류의 딱정벌레를 보고 다른 한 손으로 잡았습니다. 그러고는 양 손에 딱정벌레를 들고 의기양양하게 집으로 걸어갔습니다. 그런데 어린 다윈은 얼마 안 가 또 새로운 종류의 딱정벌레를 보게 되었습니다. 다윈은 손에 든 한 마리의 딱정벌레를 얼른 입에 물고 빈 손으로 새로운 딱정벌레를 잡았습니다. 이날은 어린 다윈에게 가장 운이 좋은 날이었습니다. 입에 물고 있는 딱정벌레가 다윈에게 상처를 입혔지만 다윈의 얼굴에서는 미소가 떠나지 않았습니다. 입이 퉁퉁 부은 채 히죽 웃으면서 세 마리의 딱정벌레를 자랑스레 물고 들어오는 아들을 보고 다윈의 아버지는 마음이 편하지 않았습니다. 아들이 커서 무엇이 될지 걱정이 태산 같았습니다.

 청년 다윈, 배를 타다

대학에 입학할 나이가 되자 아버지는 다윈이 에든버러대학교에서 의학을 전공하도록 권유했습니다. 다윈은 아버지의 뜻대로 대학 생활을 시작했지만 의학보다는 여전히 이런저런 생물들에게 관심을 더 기울였습니다. 의과대학교의 동료 학생들 사이에서 다윈은 괴짜로 불렸습니다. 공부를 잘하지는 못했지만 생물에 대해서는 모르는 것이 없어 보였거든요. 그러나 다윈은 아버지의 뜻에 따라 의사가 되기 위한

노력을 게을리하지는 않았습니다. 그러던 중 다윈은 환자를 마취하지 않은 상태에서 수술하는 모습을 보고 큰 충격을 받았습니다. 당시에는 마취 기술이 지금처럼 발달하지 않았기 때문이에요.

다윈은 의대를 그만두고 다시 아버지의 권유에 따라 캠브리지대학교에 입학해 신학을 공부하기 시작했습니다. 하지만 생물에 대한 다윈의 관심은 예전과 마찬가지였습니다. 다윈은 생물에 대한 자신의 관심과 신학을 함께 생각하기 시작했고 지구상의 수많은 동물은 신의 목적에 따라 창조되었고 창조된 형태를 유지해 변함이 없다는 자연 신학을 배우게 되었습니다.

다윈이 살았던 즈음인 약 200여 년 전에 생물을 연구하는 사람들은 생물학자였습니다. 수많은 종류의 생물과 생물 주변의 환경에 대한 연구를 같이 할 수밖에 없었습니다. 당시의 생물학자들에게는 넓은 세상을 여행하면서 많은 동식물을 채집하는 것이 너무나 큰 꿈이었습니다. 다윈도 예외는 아니어서 대학의 지도 교수의 권유에 따라 해군 함정에 탑승했습니다. '비글호'라 불리는 이 해군 함정은 길이가 30미터 정도의 작은 배여서 다윈은 유독 배 멀미에 시달렸습니다. 그러나 해안에 배가 도착하자 다윈은 방학을 맞이한 학생처럼 해안과 산과 들을 신나게 돌아다녔습니다. 다윈이 채집한 생물과 광물은 영국으로 운반되어 지질학자와 생물학자들의 연구 대상이 되었습니다.

1년으로 계획되었던 항해는 5년으로 늘어났는데 다윈은 이에 개의치 않고 되는대로 많은 생물과 광물을 관찰했습니다. 다윈은 브라질과 아르헨티나의 해안과 산, 평원을 수없이 방문한 후 이 남미 대륙을 지나 태평양의 섬인 갈라파고스에 도착했습니다. 큰 거북, 수영하는 이구아나, 대륙의 새들과 비슷하지만 뭔가 다른 핀치 등을 잘 채집해서 영국으로 보냈습니다. 22살에 항해를 시작한 다윈은 마침내 여행을 마치고 27살의 훌륭한 청년이 되어 영국에 돌아왔습니다.

이 과정은 《비글호 항해기》라는 일지 형식의 저서에 잘 나타나 있습니다. 후배 과학자들이 다윈이 쓴 책을 읽고 다윈이 말한 대로 '가벼운 여행'을 시작했다가 너무나 힘들어했다는 일화는 꽤 알려져 있습니다.

 남들이 모르는 비밀, 생물은 변한다

영국에 도착한 이후에도 다윈은 '자연 신학'의 관점에서 생물은 변하지 않는다고 생각했습니다. 하지만 다윈의 머릿속에 변화의 씨앗이 서서히 자리 잡기 시작했습니다. 다윈은 비글호를 타고 여행한 5년 동안 열심히 생물과 지질 시료를 채집하기도 했지만 책도 열심히 읽었습니다. 그가 가장 감명 깊게 읽은 책은 지질학자 찰스 라이엘이 쓴 《지질학 원리》였습니다.

지질학 원리에서 주장하는 바는 간단합니다. 지질의 작은 변화가 오랫동안 진행되면 매우 큰 변화가 생길 수 있다는 것입니다. 예를 들어 보겠습니다. 여러분이 미국의 그랜드캐년을 방문한다면 그 엄청난 규모에 입이 딱 벌어질 것입니다. 수백 미터 높이의 깎아지른 듯한 절벽은 그야말로 장관입니다.

하지만 여러분이나 저나 그 엄청난 절벽을 쉽게 만들 수 있습니다. 단 조건이 있습니다. 충분한 시간이 있어야 합니다. 평편한 대지에 작은 시내가 흐르도록 해 봅시다. 물이 흐르면서 흙은 하루에 약 몇 밀리미터 정도 패일 것입니다. 일주일이 지나면 약간 더 패일 것입니다. 한 달, 일 년, 한 세기, 수천 년 동안 또는 그보다 긴 시간 동안 이 시내가 계속 흐른다면 어떤 일이 벌어질까요? 몇 센티미터, 몇 미터, 몇 십 미터, 몇백 미터 정도 패이게 될 것입니다. 자, 이제 우리 눈앞에는 몇백 미터 높이의 절벽이 생겼습니다. 어떻습니까? 작은 변화가 긴 시간 동안 지속된다면 커다란 변화가 생길 수 있는 것입니다. 다윈이 이 원리를 모를 리 없었을 것입니다. 다윈은 생물도 오랜 기간 동안 조금씩 변화한다면 완전히 새로운 종류가 출현할 수 있다고 생각했습니다.

그러면 이렇게 변화한 생물들이 있었을까요? 다윈은 지질학 시료를 준비하는 과정에서 지금은 멸종한 '조치수'라는 동물의 화석을 발견합니다. 이 화석은 남미에서만 발견되는데 '아르마딜로'라는 현존하는 동물과 생김새가 매우 비슷합니다. 다른 점은 크기입니다. 조치수는 사람보다 두세 배가 큰 데 반해 아르마딜로는 몸길이가 약 15센티미터인 동물로 사람들의 먹잇감으로 사냥되고 있습니다. 다윈은 이 두 동물을 비교하면서 오랜 시간이 흐르는 동안 커다란 조치수가 오늘날의 작은 아르마딜로로 변화했을 가능성이 클 것이라 판단했습니다.

그리고 다윈은 또 다른 동물 때문에 생각을 크게 바꾸게 됩니다. 그것은 핀치입니다. 다윈은 갈라파고스 제도에서 여러 흥미로운 동물과 만나게 되지만 이들 중에서 핀치를 여러 마리 포획하거나 박제로 만들어 영국으로 보냈습니다. 섬 곳곳에 흩어져 분포하는 새들은 한 가지 종류의 새가 섬의 환경에 따라 조금씩 달라진 것처럼 보였습니다. 마치 똑같은 사람이지만 중국 사람, 미국 사람, 아프리카 사람 등이 있는 것과 마찬가지라고 생각했습니다. 그런데 다윈이 귀국하자, 핀치를 관찰한 영국의 저명한 동물학자는 다윈이 보내 준 몇 마리의 핀치는 서로 다른 종이라고 알려 주었습니다. 즉 이 핀치들은 사람, 침팬지, 고릴라처럼 완전히 다른 종으로, 서로 다른 개체군에 속한다는 것입니다. 다윈은 크게 당황했지만 이 핀치들이 섬에서 900킬로미터 떨어진 에콰도르에서 갈라파고스로 이동한 뒤, 섬에 적응하면서 변화하기 시작했을 거라고 생각을 정리했습니다.

이제 다윈은 생물이 점차 변화하여 진화한다고 믿기 시작했습니다. 이는 다윈의 신념이 되었습니다. 당시의 대부분 사람들이 신의 창조물인 생물은 변화할 수 없다고 생각했던 것에 반대하는 것이었지요. 그래서 다윈은 자신의 신념을 지지할 수 있는 증거를 모으기 시작했습니다. 다윈은 자신의 할아버지가 증거도 충분하지 않으면서 생물이 변화한다고 주장했던 실수를 되풀이하기 싫었습니다. 다윈은 비둘기를 관찰했고 비둘기 사육사와 편지를 많이 주고받았습니다. 또한 지렁이, 따개비, 다양한 식물들을 꾸준히 관찰했습니다. 언제나 방학을 맞이한 것처럼 한없이 즐거움을 느끼게 해 주었던 생물들에게 다윈은 보답하고 싶었는지도 모릅니다.

다윈은 또한 토마스 멜더스가 저술한 《인구론》을 읽고 모든 생물이 원하는 만큼 충분히 번식하고 살 수 없다고 생각했습니다. 자연에 적응한 개체들만 생존이 가능하고 번식도 유리했을 것이라고 생각했습니다. 즉, 생존과 번식을 생물들의 '자연에 의한 선택'의 결과라고 결론지었습니다. 마치 사육사가 선택한 비둘기들만이 생존하고 자손을 낳은 것처럼 자연도 그럴 것이라고 생각했습니다.

 《종의 기원》을 발표하다

다윈은 자신의 생각을 노트에 틈틈이 적어 놓았고 이를 언젠가 책으로 출판할 예정이었습니다. 그런데 살아 있는 동안 자신의 책이 세상으로 나온다면 사람들 사이에서 커다란 다툼이 있을 것이라고 예상하고 자신이 죽은 후에 출판해 줄 것을 부인에게 부탁했습니다.

다윈은 왜 이런 생각을 했을까요? 앞에서 얘기한 대로 찰스 라이엘은 작은 변화가 쌓여 큰 변화가 일어나는 지질의 변화 과정을 주장했습니다. 지구상의 지질 구조를 보면 지구의 나이가 적어도 수만 년 이상이라고 판단하는 것이 옳지만 당시 성직자를 비롯한 많은 일반인들은 지구의 나이를 6000년이라 짐작했습니다. 그래도 지질이나 천문이 변화한다는 것을 인정하는 사람들은 있었는데 이 사람들도 인간을 비롯한 생물은 변화하지 않을 것이라고 생각했습니다. 조물주의 형상을 따라서 만든 것이 인간이고 조물주의 뜻에 따라 만들어진 것이 인간을 제외한 모든 생물들이라고 생각했기 때문입니다.

당시 생물학자의 임무는 이런 조물주의 뜻을 알아내는 것이었습니다. 이런 분위기 속에서 다윈은 생물은 조물주가 창조한 것이 아니라 자연적으로 생겼고 이후에는 꾸준히 변화하여 오늘에 이르렀다고 생각했던 것입니다. 생물의 진화가 일어난다는 확신은 당시 6000년이라고 생각했던 지구의 나이가 더 많을 것이라는 확신으로 이어졌습니다. 다윈은 이런 점들 때문에 많은 사람들과 다툼이 있을 거라고 판단했던 것이지요.

다윈은 자신이 꾸준히 그리고 매우 열심히 모아 둔 증거들이 많았기 때문에 생물이 자연 선택에 의해 진화한다는 생각에는 자신이 있었습니다. 다만 자신의 생각을 정리해서 책으로 출판한 이후에 있을 사람들 사이의 시끄러운 다툼을 피하고 싶었을 뿐이었습니다. 이미 다윈과 가깝게 지내는 다수의 학자들은 다윈의 생각은 물론 그 생각을 증명할 근거가 많다는 것을 알고 있었습니다. 그런데 한 통의 편지가 저 멀리 말레이시아에서 영국으로 도착했습니다. 이 편지의 주인은 러셀 월러스였습니다. 그는 자신이 관찰한 결과에 대해 확신에 차 있었고 그 확신을 말라리아에 걸려 매우 힘든 상황에서도 논문으로 정리했습니다. 그는 생물들이 진화해 왔고 그 진화는 자연 선택을 통해 이루어진다고 논문을 쓴 것입니다. 그리고 다윈에게 자신의 논문을 출판하는 것이 어떤지 묻기 위해 편지를 보냈습니다.

다윈은 자신이 약 20여 년 동안 갈고닦아 온 과학 이론이 자신보다 14살 어린 젊은이의 것으로 바뀔 수 있다는 생각에 괴로워했고 친한

학자들에게 도움을 요청했습니다. 학자들의 권유대로 두 사람은 논문을 함께 냈습니다. 그리고 1년 동안 다윈은 자신이 쌓아온 지식을 책으로 만드는 데에 쏟아부었습니다. 《종의 기원》은 이렇게 해서 1859년에 출판되었습니다. 이후 다윈은 세상을 떠날 때까지 약 23년 동안 다섯 번이나 책을 고쳐 내고 그럴 때마다 많은 사람들의 관심을 받았습니다. 많은 사람들이 다윈의 책에 대해 의견이 분분했지만 당시의 가장 권위 있는 린네학회의 과학자들인 토마스 헉슬리, 조지프 후커, 찰스 라이엘 등은 다윈의 견해를 지지했습니다. 그리고 이후에도 생물학계 내에는 다윈의 이론을 지지하는 집단이 생겨났습니다.

후배 생물학자들, 다윈을 증명하다

도브잔스키라는 유명한 유전학자는 "생물학은 진화라는 빛으로 비추어 보지 않으면 단순한 사실의 열거에 불과하다."라고 했습니다. 《종의 기원》이라는 책은 바로 이 '진화'가 과학적으로 사실임을 최초로 증명했습니다. 따라서 생물학은 다윈 이전과 이후로 나뉜다고 해도 틀린 말이 아닙니다.

오늘날 생물학은 단일 조상으로부터 현재의 모든 생물이 출현한 과정, 다양한 생물 변이 중에서 특정 변이가 선택되는 과정, 왜 생물들은 다양하면서도 모두 비슷한 점이 있는지, 생물이 환경에 어떻게 적응하여 생존하고 번식하는지 등을 설명하면서 생물들의 특징을 설명할 수 있습니다. 앞으로 여러분이 생물을 공부할 때 이런 점들을 기억

하면서 공부하면 생물이 더 재미있게 느껴질 것이고 공부의 효과도 늘어날 것입니다.

다윈과 동시대에 그레고어 멘델이 완두를 사용하여 유전 법칙을 발견했지만 당시의 학자들은 이 발견의 중요성을 알지 못했습니다. 멘델의 유전 법칙은 후배 생물학자들의 재발견에 의해 유전학의 기초가 되었습니다. 이 유전학에 의해 다양한 자손이 생길 수 있고 이 자손들 중에서 특정 자손이 자연에 의해 선택될 수 있음이 확인되었습니다. 또한 세포학과 발생학이 발달하면서 멘델의 유전법칙이 세포 수준에서 재정리되었고 유전학과 진화의 관련성이 확인되었습니다. 그리고 현대의 가장 인기 있는 단어 중의 하나인 DNA에 대해 연구하는 분자 생물학이 출현하면서 진화론은 더욱 힘을 받기 시작했습니다. 생김새나 행동, 특징 등이 비슷할수록 DNA의 유전 암호가 비슷하고 멀수록 다르다는 것이 알려지게 되었습니다.

사람과 생쥐의 DNA 차이는 사람과 침팬지 사이의 DNA 차이의 60배에 해당합니다. 그만큼 사람이 생쥐보다 침팬지에 가깝다는 뜻이 됩니다. 이런 종류의 예는 매우 많아서 분자 생물학은 진화를 증명하는 든든한 지원군이라 할 수 있습니다. 결국, 다윈 이후 유전학자, 세포학자, 발생학자, 분자생물학자는 물론 해부학자, 고생물학자, 미생물학자 등 모든 분야의 후배 생물학자들이 '진화'가 사실임을 증명해 나간 것입니다.

다윈은 어린 시절부터 생물들을 무척 좋아했고 생물들을 만날 수 있는 기회를 많이 가졌습니다. 전 세계를 기쁜 마음으로 돌아다녔고 생물에 대한 애정을 열심히 공부하는 것으로 발전시켜 나갔습니다. 그리고 생물들의 가장 중요한 특징을 알아냈습니다. 결국 생물에 대한 애정이 생물학에 매우 큰 발전을 가져온 것입니다.

다윈은 영원한 생물 애호가입니다.

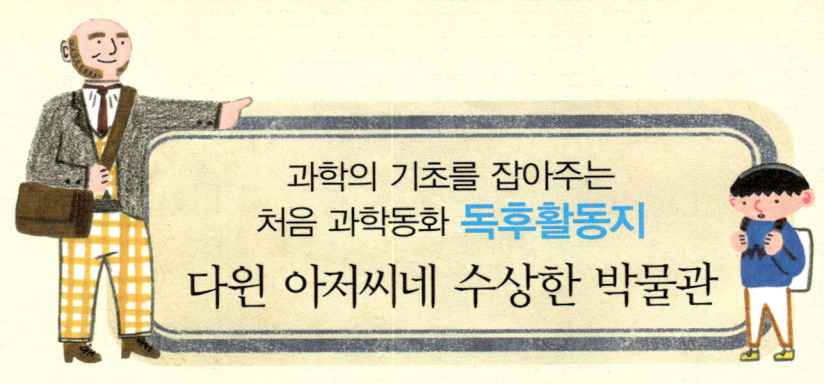

구성 강승임 이을교육연구소 소장

과학의 기초를 잡아주는 처음 과학동화 독후활동지, 과학 학습에 어떤 도움이 될까?

〈처음 과학동화〉 시리즈는 과학 분야를 대표하는 위인들이 등장하여 그들이 연구한 과학적 지식을 재미있게 풀어 나가는 형식으로 꾸며져 있습니다. 동화를 재미있게 읽고 나서 독후활동지를 한 문제 한 문제 풀어 가다 보면 과학 위인들의 대표 이론을 다시 한 번 되새기고 과학적 탐구심을 충족시킬 수 있을 것입니다. 또한 비판적인 글쓰기를 통해 자신의 생각을 올바르게 표현하는 방법도 익힐 수 있습니다.

〈과학의 기초를 잡아주는 처음 과학동화 독후활동지〉는
이렇게 구성돼요.

I. 과학 기초 지식 쌓기 동화 내용의 이해

동화 각 장의 소제목이기도 한 단원의 교훈을 점검해 보고, 동화 속에서 그 내용이 어떻게 적용되었는지 적어 보면서 과학 기초 지식을 쌓습니다.

II. 과학 창의력 기르기 이해와 비판

동화를 통해 익힌 과학적 지식을 친구들과 토론해 보고 글로 써 보며 생각을 넓히고, 동화 속에서 느낀 점을 자신의 경험과 맞물려 표현하는 능력을 키웁니다.

III. 과학자 연구 – 다윈

부록의 내용을 바탕으로 다윈의 삶을 이해하고, 다윈의 삶에서 받은 교훈이 현대 사회에 어떤 도움이 되는지 적어 보며 논리적 사고를 키웁니다.

학부모 및 교사용 도움말

교과연계	〈4학년 1학기 국어❹〉 9. 생각을 나누어요
	서로 다른 의견을 비교하며 자신의 생각과 느낌을 이야기할 수 있다.
	〈4학년 1학기 과학〉 3. 화산과 지진
	알고 있는 과학 지식을 바탕으로 글을 쓸 수 있다.
	〈5학년 1학기 국어㉮〉 1. 인물의 말과 행동
	생각의 근거를 마련하는 방법을 익혀 찬성하거나 반대하는 글을 쓸 수 있다.
	〈6학년 1학기 과학〉 2. 생물과 환경
	알고 있는 과학 지식을 바탕으로 글을 쓸 수 있다.

I. 과학 기초 지식 쌓기 동화 내용의 이해

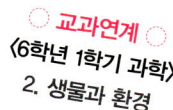

《다윈 아저씨네 수상한 박물관》 본문에는 각 장마다 어린이 여러분께 전하고자 하는 다윈의 교훈을 소제목으로도 적어 두었어요. 동화 내용을 다시 한 번 떠올려 보며 아래 질문들에 답해 보세요. 적는 동안 자연스럽게 어린이 여러분 마음속에도 과학적 지식이 차곡차곡 쌓일 거예요.

1. 준서가 다윈 아저씨에게 최악의 모둠에 속했다고 하자 다윈 아저씨는 뭐라고 이야기하나요? 그 의미도 적어 보세요.

○ 교과연계 ○
〈6학년 1학기 과학〉
2. 생물과 환경

2. 준서의 담임 선생님은 지구상의 모든 인간이 같은 조상에서 나왔다고 말합니다. 어떤 면에서 그러한가요?

교과연계
〈6학년 1학기 과학〉
2. 생물과 환경

3. 꼬리뼈는 흔적 기관이라고 합니다. 흔적 기관이란 무엇이고, 어떠한 예가 있나요?

○ 교과연계 ○
〈6학년 1학기 과학〉
2. 생물과 환경

4. 갈라파고스 거북의 등껍질은 보통의 거북과 어떻게 다른가요? 이 차이가 어떻게 진화의 증거가 되는지 말해 보세요.

교과연계
〈4학년 1학기 과학〉
3. 화산과 지진

5. 상동 기관이란 무엇인가요? 예를 들어 설명해 보세요.

6. 다윈 아저씨는 아이들에게 박물관에 가서 화석을 갖다 달라고 합니다. 그 이유는 무엇인가요?

> 교과연계
> 〈4학년 1학기 과학〉
> 3. 화산과 지진

7. 한 개체의 변화와 진화는 어떻게 다른가요?

II. 과학 창의력 기르기 이해와 비판

교과연계
〈4학년 1학기 국어 ❹〉
9. 생각을 나누어요

앞에서 살펴본 동화 내용을 바탕으로 사고를 확장시켜 볼 거예요. 아래 문제들을 친구들과 함께 토론해 보세요. 나와는 다른 다양한 입장과 해결 방안이 있다는 걸 깨닫게 될 거예요. 또한 동화를 읽고 느낀 점을 자신의 경험과 연결하여 글로 써 보세요. 나를 더 잘 표현할 수 있는 좋은 연습이 될 거예요.

【과학 창의 토론】

1. 과학책이나 교과서로 과학 공부를 하는 것과 준서의 모둠처럼 직접 관찰하고 조사하면서 공부하는 것 중 어느 쪽이 좋은지 토론해 보세요.

> · 과학책이나 교과서로 과학 공부를 하는 것이 더 좋다.
> · 직접 관찰하고 조사하면서 과학 공부를 하는 것이 더 좋다.

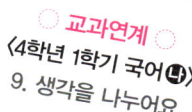

2. 야생 동물이나 희귀 동물을 사냥하는 사람들이 있습니다. 진화론의 관점에서 이를 비판해 보세요.

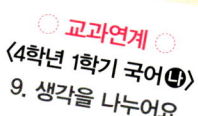

【과학 창의 논술】

1. 외계인이 지구에 와서 가장 진화된 생물을 조사한다고 상상해 보세요. 어떤 생물을 선택할까요? 논리적으로 한번 써 보세요.

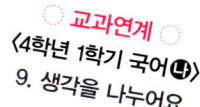

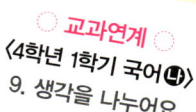

2. 미래의 인간은 어떤 모습으로 진화할까요? 자유롭게 상상해서 써 보세요.

III. 과학자 연구 – 다윈

동화를 읽고 '다윈 아저씨는 어떤 분일까' 하는 궁금증이 생겼나요? 이제 부록에
소개된 다윈 아저씨의 삶과 사상을 복습해 볼 거예요. 부록을 꼼꼼히 읽고 문제를 풀어 보세요.

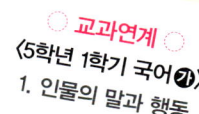

1. 어린 시절 다윈은 무엇을 좋아했나요?

2. 다윈은 어떤 계기로 비글호 항해를 떠나게 되었나요? 한 일도 적어 보세요.

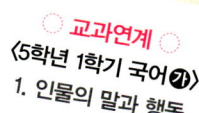

3. 《지질학 원리》와 '핀치'를 통해 다윈은 진화에 대한 생각을 어떻게 발전시켰나요?

4. 진화에서 '자연 선택'이란 무엇인가요?

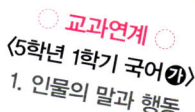

5. 다윈의 진화론이 많은 학자들의 지지를 받을 수 있었던 비결은 무엇일까요? 다윈에게 배울 점을 생각해 보세요.

학부모 및 교사용 도움말

I. 과학 기초 지식 쌓기 동화 내용의 이해

1. '세상에 최악의 사람은 없다. 사람은 누구나 생존에 적합한 쪽으로 발전하게 되어 있다.'고 말했다. 여기서 생존에 적합한 방향이란, 환경의 변화에 잘 적응한다는 뜻이다. 이 말을 준서의 모둠에 적용해 보면, 모둠 구성원끼리 어울려 함께 해나가면 좋은 결과물을 내놓을 수 있다는 뜻이다.

2. 생물은 단백질이나 지질, 탄수화물, 핵산과 같은 동일한 복합분자로 구성되어 있다. 하지만 생김새는 다 다르다. 그 이유는 살고 있는 곳의 환경이 다르거나 저마다 다른 변이 활동을 겪었기 때문이다. 따라서 인간도 한 생물로서 비록 생김새가 다른 인종이라도 그 바탕은 같기 때문에 같은 조상에서 나온 똑같은 사람이라고 할 수 있다.

3. 흔적 기관이란 한때 사용했지만 환경과 살아가는 방식이 달라지면서 쓸모가 없어져 흔적만 남은 기관을 말한다. 사람의 꼬리뼈나 뱀의 다리뼈, 두더지의 눈이 대표적인 예이다.

4. 보통 거북의 등껍질은 작은 정육각형이나 둥근 등고선 모양인데 반해, 갈라파고스 거북은 세로로 길쭉한 육각형 모양에 가운데가 볼록볼록 튀어나와 있다. 이처럼 종이 같은데도 모양이 달라졌다면 외부 요인의 영향을 받았다고 볼 수 있다. 따라서 같은 종의 생물이 다른 점을 지니고 있다면 이것이 바로 진화의 증거라고 할 수 있다.

5. 상동 기관은 하는 일이나 기능은 다르지만 해부학적으로 같은 모양을 지닌 기관을 말한다. 예를 들어 고래의 지느러미, 박쥐의 날개, 사람의 팔은 각각 기능이 다르다. 고래의 지느러미는 헤엄을 칠 때, 박쥐의 날개는 날 때, 사람의 팔은 물건을 들 때 이용된다. 그런데 해부학적으로 보면 모양이 같다. 이 말은 예전에는 모양도 같고 기능도 같았다는 뜻이다. 그러다가 환경에 적응하면서 각각 모양과 기능이 달라졌다는 뜻이다. 따라서 이 역시 진화의 증거이다.

6. 과거로 돌아간 다윈 아저씨는 종교 재판을 받게 되었다. 당시에는 성경에 기초한 우주관과 지구관이 지배적이어서 지구 나이를 성경에 따라 6000년경으로 보았다. 그러나 다윈은 진화론을 연구하면서 지구 나이가 이보다 훨씬 더 오래되었다는 결론을 내리게 되었다. 다윈은 자신의 주장이 틀리지 않았음을 증명하기 위해 아이들에게 화석을 가지고 오라고 한다. 화석은 지구

의 생성 시기를 보여 주는 증거이기 때문이다.

7. 진화는 시간의 흐름에 따라 자연환경이 변화하면서 자연환경에 살아남은 생물들이 변화하는 것이다. 그런데 이때 하나의 개체가 달라지는 건 진화가 아니다. 이 같은 경우는 단순 돌연변이라고 할 수 있다. 진화는 개체 전체가 함께 변하는 것이다.

II. 과학 창의력 기르기 이해와 비판

【과학 창의 토론】

1. 과학책이나 교과서로 과학 공부를 하는 것은 효율성 면에서 좋다. 책에는 핵심 과학 지식이 잘 정리되어 있고 그 양도 아주 많기 때문이다. 따라서 적은 시간에 많은 양의 지식을 습득할 수 있다. 그리고 책만 있으면 언제 어디서나 공부할 수 있기 때문에 공부할 때 제약이 거의 없다. 그러나 문자로 된 지식이기 때문에 완전한 이해는 불가능하다. 직접 그 대상을 보는 것이 아니기 때문이다. 예를 들어 책에서 초록색 나뭇잎을 본 것과 직접 본 것은 그 느낌이나 이해가 다르다. 직접 보면 색깔이나 형태 등을 사실적이며 생동감 있게 관찰할 수 있다. 이를 관찰하여 스스로 공통점을 찾으며 연구하면 지식을 더 확실하게 이해할 수 있다. 이것이 직접 관찰하고 조사하면서 과학 공부를 했을 때의 장점이다. 또 하나의 장점은 이 과정에서 새로운 걸 발견할 수도 있다는 것이다. 그러나 한 가지 지식을 얻는 데 시간이 많이 걸리고, 직접 관찰하는 것이기 때문에 기후나 환경 조건에 영향을 받는다는 단점이 있다.

2. 진화론의 관점에서 보면 모든 생물은 한 조상에서 나왔다. 그러므로 다른 생물을 해치는 행위는 나의 동족을 해치는 것과 마찬가지다. 그리고 현재 남아 있는 모든 생물은 저마다 생존에 적합한 쪽으로 진화한 것이기 때문에 나름대로 존재 가치가 있다. 진화를 하는 동안 지구는 수많은 환경 변화를 거쳤고 그 결과가 현재 남아 있는 생물들이기 때문이다. 그런데 앞으로 환경이 어떻게 변할지도 모르고, 이에 따라 진화 역시 끝나지 않았기 때문에 어떤 종이든 인간의 이기심으로 멸종시키는 건 매우 위험하다. 어떤 종이 살아남아 생명의 역사를 이을지 알 수 없기 때문이다. 그리고 진화는 생물의 다양성을 더 확대하는 방향으로 진행되어 왔다. 그런데 야생 동물이나 희귀 동물을 사냥하면 생물의 다양성이 파괴된다. 그럼 생태계 또한 혼란스러워져 결국 인간에게까지 피해가 올 것이다. 인간 역시 생태계 안에 포함된 생물이기 때문이다.

【과학 창의 논술】

1. 외계인의 입장에서 생각해 보면 인간이나 개나 개미나 바퀴벌레가 별 차이가 없을 것이다. 모두 움직이고 무엇인가를 하기 때문이다. 따라서 이 글을 쓸 때는 인간 중심적 사고를 버리고 모든 생물을 객관적인 시각에서 보도록 한다. 그런 다음 한 가지 동물을 선택해 그 동물이 어떤 점이 우월한지 적어 본다. 우월하다는 기준은 환경에 얼마만큼 잘 적응하여 살아가느냐, 어떤 행위를 할 때 다른 동물들보다 효율적인 방법을 사용하느냐가 될 것이다.

2. 진화는 환경 변화에 적응하기 위해 생김새나 어떤 기관의 기능이 변하는 걸 말한다. 이를 인간의 경우에 적용해 예를 들어 보자. 요즘 속눈썹이 긴 아이들이 많이 태어나는데, 이는 대기 중에 먼지가 많아지는 환경에 적응한 결과이다. 먼지로부터 눈을 보호하기 위해 속눈썹이 긴 아이들이 많이 태어나고 있는 것이다. 이처럼 미래의 환경 변화를 예측해 보고 그에 적응하여 각 기관의 생김새나 역할이 어떻게 변할지 적어 본다. 이때의 환경은 자연 환경뿐만 아니라 인공 환경까지 모두 포함한다.

III. 과학자 연구 – 다윈

1. 공부에는 그리 큰 관심이 없었고 집 밖에서 노는 걸 좋아했다. 그런데 한없이 뛰어다니며 놀기만 한 것이 아니라 곤충이나 벌레 등 생물을 관찰하기도 하고 직접 채집하기도 하면서 놀았다. 어느 날은 서로 다른 모양의 딱정벌레를 세 마리나 보게 되어 입에 물면서까지 잡아 집으로 가지고 가기도 했다. 이처럼 다윈은 생물에 대한 애정과 열정이 대단했다.

2. 대학에 들어간 다윈은 의학을 공부하다가 적성에 맞지 않아 신학을 공부했다. 그러나 여전히 그의 관심은 생물이었다. 그래서 생물 관련 수업을 열심히 들었는데, 마침 지도 교수가 해군 함정 비글호의 항해에 동참할 것을 권유했다. 당시에는 생물 연구를 하기 위해 세계 곳곳을 돌아다니며 직접 관찰하고 채집하는 것이 연구자들의 꿈이었기 때문에 다윈은 기꺼이 따라갔다. 이 항해를 통해 다윈은 약 5년 동안 남아메리카 지역을 여행하며 많은 광물과 생물들을 관찰하고 채집했다.

3. 다윈은 《지질학 원리》를 읽고 지질의 작은 변화가 오랫동안 진행되면 매우 큰 변화가 일어날 수 있다는 걸 알게 되었다. 이 원리를 생물에 적용해 생물도 오랜 기간 조금씩 변화한다면 완전히 새로운 종류가 출현할 수 있다고 생각했다. 그러다 비글호 항해 때 갈라파고스 섬에서 모

양이 다른 핀치들을 보게 되었다. 다윈은 처음에 이들이 한 종류였는데 섬의 환경에 따라 모양만 조금 달라진 거라고 생각했다. 그런데 다윈이 박제한 핀치들을 본 한 동물학자가 이들은 아예 다른 종으로 서로 다른 개체군에 속한다고 말해 주었다. 이를 통해 다윈은 새로운 환경에 적응하면서 변화가 쌓여 진화한다는 믿음을 갖게 되었다.

4. 자연 선택이란, 자연에 적응한 개체들만 생존하여 번식한다는 이론이다. 즉, 생물들의 생존과 번식을 '자연에 의한 선택'의 결과라고 보는 것이다. 마치 사육사가 선택한 비둘기들만이 생존하여 자손을 낳는 것처럼, 자연도 그가 선택한, 다시 말해 그에 적응한 생물만을 생존시켜 자손을 낳게 한다는 것이다. 여기서 자연에 적응한다는 건, 먹고 살기 위해서 환경과 조건에 맞게 생물이 생김새를 바꾼다는 뜻이다.

5. 다윈은 단순히 몇 가지 사례만을 가지고 진화론을 주장한 것이 아니라 그걸 뒷받침하는 무수한 증거를 꾸준히, 그리고 매우 열심히 모아 설득력을 높였다. 근거가 많으면 심정적으로 반대하고 싶어도 받아들일 수밖에 없기 때문이다. 이처럼 많은 근거를 수집할 수 있었던 비결은 다윈이 생물에 대한 관심과 애정을 공부로 발전시켜 매우 즐겁게 연구했기 때문이다. 우리는 다윈에게서 자기가 관심을 갖는 일에 애정과 열정을 가지고 꾸준히 몰입하는 태도를 본받을 수 있다.

과학의 기초를 잡아주는 처음 과학동화 ❷
다윈 아저씨네 수상한 박물관

1판 1쇄 발행 | 2015. 10. 21.
1판 7쇄 발행 | 2022. 6. 20.

최은영 글 | 윤지회 그림 | 장수철 감수

발행처 김영사
발행인 고세규
편집 김효성 | 디자인 김민혜
등록번호 제 406-2003-036호
등록일자 1979. 5. 17.
주　　소 경기도 파주시 문발로 197(우10881)
전　　화 마케팅부 031-955-3100 편집부 031-955-3113~20
팩　　스 031-955-3111

ⓒ 2015 최은영, 윤지회
이 책의 저작권은 저자에게 있습니다. 저자와 출판사의 허락 없이 내용의 일부를 인용하거나 발췌하는 것을 금합니다.

값은 표지에 있습니다.
ISBN 978-89-349-7234-1　74810
ISBN 978-89-349-7119-1(세트)

좋은 독자가 좋은 책을 만듭니다. 김영사는 독자 여러분의 의견에 항상 귀 기울이고 있습니다.
전자우편 book@gimmyoung.com | 홈페이지 www.gimmyoungjr.com

이 도서의 국립중앙도서관 출판시도서목록(CIP)은 서지정보유통지원시스템 홈페이지(http://seoji.nl.go.kr)와 국가자료공동목록시스템(http://www.nl.go.kr/kolisnet)에서 이용하실 수 있습니다.
(CIP제어번호 : CIP2015027828)

어린이제품 안전특별법에 의한 표시사항
제품명 도서　제조년월일 2022년 6월 20일　제조사명 김영사　주소 10881 경기도 파주시 문발로 197
전화번호 031-955-3100　제조국명 대한민국　⚠주의 책 모서리에 찍히거나 책장에 베이지 않게 조심하세요.